GUIDO SCHMELICH

EIN FACH

KOCHEN MIT DEM THERMOMIX

GENIAL KOCHEN MIT **2–6 ZUTATEN**

EIN BUCH DER
EDITION MICHAEL FISCHER

VORWORT

Was für eine Überraschung! Wenn ich dieses Buch nun in Händen halte und es mit einem Lächeln betrachte, läuft in meinem Kopf regelrecht ein Film ab.

Am Anfang war die Idee. Ein Kochbuch mit wenigen Zutaten sollte es sein ... für den Thermomix, jene wundersame Schnibbelbrutzelkoch-Maschine, die aus vielen Haushalten heute kaum noch wegzudenken ist. Dann kamen die Fragen: Thermomix und wenige Zutaten? Ob das funktioniert? Aber klar – der Thermomix will uns das Kochen erleichtern. Und unkompliziertes Kochen bedeutet auch: keine langen Zutatenlisten. Es folgte die Umsetzung der Idee, eine spannende Zeit: Rezepte entwickeln, Rezepte vereinfachen, immer wieder schnippeln, kochen, backen, fotografieren ... Und nun habe ich das fertige Buch vor mir.

Dieses Kochbuch habe ich nicht entwickelt, um Ihnen außergewöhnliche Gerichte mit exotischen Zutaten vorzustellen. Für diese Rezepte müssen Sie weder schwer erhältliche Zutaten besorgen, noch werden Ihnen komplizierte Kochpraktiken abverlangt, die Ihnen Zeit und Nerven rauben. Im Gegenteil: Kochen Sie einfach!

Checken Sie den Inhalt Ihres Kühlschranks, und Sie werden feststellen, dass Ihnen in vielen Fällen sogar der Gang zum Supermarkt erspart bleibt. Egal, ob Vegetarier, Veganer oder Fleischliebhaber, Fans der klassischen italienischen Küche, Suppenkasper oder Zuckerschnuten, hier kommen sie alle auf ihre Kosten und werden im Handumdrehen leckere und gesunde Gerichte auf die Tische zaubern, die sich immer wieder neu zu Menüs kombinieren lassen.

Und damit Sie nicht denken, dass das alles nur leere Worte sind, legen Sie am besten gleich los. Mit maximal 6 Zutaten und minimalem Aufwand in der Küche.

MEINE MASCHINE & ICH

Mit Ihrer Thermo-Küchenmaschine haben Sie einen Assistenten in der Küche, dessen Vielseitigkeit Sie natürlich längst kennen. Rühren, Kneten, Wiegen, Dämpfen – kaum eine Disziplin, die Ihre Wundermaschine nicht beherrscht. Und so gehört das Kochen mit dem Alleskönner für viele inzwischen zum Alltag. Dieses Buch soll dazu beitragen, das Potenzial Ihrer Thermo-Maschine voll und ganz zu nutzen. Es unterstützt Sie dabei, sich ohne viel Aufwand abwechslungsreich und gesund zu ernähren. Nicht mehr und nicht weniger.

KOCHEN MIT MAXIMAL 6 ZUTATEN

Ich liebe es, kompliziert zu kochen! Mit vielen Zutaten, viel Zeit und bestenfalls vielen hungrigen Gästen, denen es am Ende auch noch schmeckt. Genau Letzteres hatte für mich auch bei diesem Buch absolute Priorität: Die Gerichte müssen schmecken, doch die Rezepte sollten weder viel Zeit noch viele Zutaten erfordern, denn nicht jeden Tag hat man Lust und Zeit, raffinierte Zubereitungen auszutesten. Lecker und gleichzeitig einfach, ob das überhaupt funktioniert? Ja, es geht, es geht sogar sehr gut. Denn die wichtigste Zutat beim Kochen – die Liebe zum Kochen selbst – steht ohnehin in keinem Rezept. Daneben sind ein bisschen Küchen-Know-how und Kreativi-

tät erforderlich, um jede einzelne Zutat optimal einzusetzen ... und schon wird das tägliche Kochen ganz einfach.

GESUND & SAISONAL

Das Kochen mit einer Thermo-Küchenmaschine ist meist per se eine gesunde Sache. Lebensmittel werden durch genau definierte Zeit- und Temperaturangaben punktgenau und perfekt gegart, und durch die Zubereitung im Dämpfaufsatz bleiben Nährstoffe bestmöglich erhalten. Bei der Auswahl der Zutaten im Supermarkt oder beim Metzger um die Ecke haben Sie allerdings selbst die Zügel in der Hand. Natürlich muss nicht immer alles bio sein. Achten Sie jedoch darauf, möglichst Zutaten aus Ihrer Region zu verwenden, die gerade Saison haben. Die Gründe dafür liegen auf der Hand: Sie schmecken besser, sind bezahlbar und mussten nicht um die halbe Welt fliegen. Überteuertes, geschmacksneutrales Gemüse oder Obst hat auf einem gesunden und leckeren Speiseplan nichts verloren. Eigentlich auch ganz einfach.

SEIEN SIE KREATIV

Ich selbst halte mich nur selten akribisch an die Vorgaben in Kochrezepten. Wenn ich eine bestimmte Zutat nicht mag oder vorrätig habe, muss das nicht bedeuten, dass das Gericht bei mir gleich durchs Raster fällt. Etwas wegzulassen, hinzuzufügen oder anders zu machen gehört für mich seit jeher zum Kochen und Werkeln in der Küche. Und wenn Sie sich nicht gerade zu den absoluten Kochanfängern zählen, halten Sie es mit diesem Buch genauso. Ersetzen Sie Koriander durch Petersilie, Kuhmilch durch Soja- oder Mandelmilch oder verwenden Sie statt normaler Nudeln einfach glutenfreie oder Nudeln aus Vollkorn. Trauen Sie sich, kreativ zu sein, kombinieren Sie die Rezepte nach eigenem Gusto und zaubern Sie Ihre eigenen Drei-Gänge-Menüs aus Vor-, Haupt- und Nachspeisen. Mit diesem Buch gelingt Ihnen das spielend.

PORTIONSANGABEN

Gute Esser, schlechte Esser, große Esser, kleine Esser – gar nicht so leicht, hier immer exakt die Menge der Zutaten zu definieren. Und auch Thermo-Küchenmaschinen haben durch ihre Bauart natürlich Kapazitätsgrenzen. Die Angaben in den Rezepten sollten aber in der Regel für vier normale Esser reichen. Und wenn es beim nächsten Mal etwas mehr sein darf, rechnen Sie die Rezepte einfach hoch oder kochen Sie in mehreren Etappen. Bei Kuchen, Saucen, Aufstrichen oder Getränken gilt dies ohnehin. Dass Sie ein bisschen Erfahrung in der Küche haben, setze ich einfach mal voraus. Und weil alle Rezepte mit so wenigen Zutaten auskommen, behalten Sie problemlos den Überblick.

APROPOS VORAUSGESETZT

Salz, Pfeffer, Wasser und Öl zum Braten werden in diesem Buch nicht explizit als Zutat aufgeführt, weil jeder sie im Haus hat. Und Hilfsmittel wie Nudelholz, Ravioli-Ausstecher oder Backformen lassen sich meistens ersetzen – eine Flasche, ein umgedrehtes Glas oder eine feuerfeste Schüssel tun's im Grunde genauso. Frei nach dem Motto „Der Zweck heiligt die Mittel" ist (fast) alles erlaubt, was zum gewünschten Ergebnis führt. Das gilt auch beim Vereinfachen bestimmter Koch- und Zubereitungsschritte. Das Zerkleinern von Kräutern, Nüssen oder (Parmesan-)Käse erledigt Ihre Thermo-Küchenmaschine sicher im Handumdrehen. Wenn Sie allerdings das Gefühl haben, dass es mit dem Messer oder der Käsereibe genauso schnell oder unkomplizierter geht, kein Problem. Das Gleiche gilt für das Kochen von Nudeln, Reis oder Hülsenfrüchten, die Sie ebenso gut klassisch im Topf zubereiten können. Machen Sie's sich einfach einfach. In jeder Hinsicht. Dann werden Sie viel Spaß an diesem Buch haben und es vielleicht genauso oft nutzen wie Ihre Thermo-Küchenmaschine selbst.

Viel Freude beim täglichen Kochen wünscht Ihnen

Guido Schmelich

1

2

3

4

5

6

4 *Personen* | **35 MIN** *Zubereitung* | *Salz*
Pfeffer

SÜSSKARTOFFEL-KOKOS-SUPPE

500 g *Süßkartoffeln*
1 Stängel *Zitronengras*
500 ml *Gemüsebrühe*
200 g *Kokosmilch*
200 g *Tomaten (Dose)*
4 Stängel *Koriandergrün*

SÜSSKARTOFFELN schälen und in Stücke schneiden. **ZITRONENGRAS** etwas flach klopfen und mit der **BRÜHE** in den MT geben, **SÜSSKARTOFFELN** ins Garkörbchen geben, 20 Min./Varoma/Rührstufe abgedeckt garen.

ZITRONENGRAS entfernen. **SÜSSKARTOFFELN** zur **GEMÜSEBRÜHE** in den MT geben, **KOKOS-MILCH** und **TOMATEN** hinzufügen, 15 Sek./Stufe 8 mixen. Nach Belieben Wasser bis zur gewünschten Konsistenz angießen und mit Salz und Pfeffer abschmecken.

Das **KORIANDERGRÜN** zerzupfen. Die Suppe in Schalen geben und mit **KORIANDERGRÜN** garniert servieren.

1

2

3

4

5

| **4** *Personen* | **15 MIN** *Zubereitung*
30 MIN *Kühlen* | *Salz* |

KALTE WILDKRÄUTER-SUPPE MIT MELONE

2 *Bio-Salatgurken*
1 Stange *Staudensellerie*
50 g *Wildkräuter*
1 EL *Zitronensaft*
1 *Cantaloupe-Melone*

GURKEN mit der Schale in Stücke schneiden. **STAUDENSELLERIE** abziehen und in Stücke schneiden. **KRÄUTER** waschen, verlesen und einige für die Garnitur beiseitelegen.

GURKENSTÜCKE und **STAUDENSELLERIE** in den MT geben, 10 Sek./Stufe 10 pürieren. **KRÄUTER**, **ZITRONENSAFT** und Salz zufügen, nochmals 15 Sek./Stufe 10 pürieren.

Die Suppe kalt stellen. In der Zwischenzeit für die Einlage die **MELONE** halbieren, mit einem Kugelausstecher Kugeln formen.

Ein Sieb mit einem Passiertuch auslegen und die Suppe hindurchgießen. In jede Suppenschale einige **MELONENKUGELN** geben, mit der kalten Suppe aufgießen und mit den verbliebenen **KRÄUTER-BLÄTTCHEN** garniert servieren.

SUPPEN

9

1

2

TOPINAMBUR-CREME-SUPPE MIT CHIPS

500 g *Topinambur*
150 g *Petersilienwurzel*
750 ml *Gemüsebrühe*
2 *Schalotten*
200 g *Sahne*

3

TOPINAMBUR und PETERSILIENWURZELN schälen. TOPINAMBUR in Stücke schneiden. Von einer PETERSILIENWURZEL etwa 20 dünne Scheiben abschneiden und beiseitestellen, den Rest ebenfalls in Stücke schneiden.

GEMÜSEBRÜHE in den MT geben, TOPINAMBUR, PETERSILIENWURZELN und SCHALOTTEN ins Garkörbchen geben und 20 Min./Varoma/Linkslauf/Rührstufe abgedeckt garen.

4

GEMÜSE zur verbliebenen Brühe in den MT geben. 150 g Wasser und SAHNE hinzufügen, 20 Sek./Stufe 10 pürieren. Mit Salz und Pfeffer abschmecken, warm halten.

5

Öl in einem kleinen Topf erhitzen und die PETERSILIENWURZELSCHEIBEN etwa 30 Sek. frittieren. Die Suppe mit den Chips servieren.

SUPPEN

1

2

3

4

PARMESAN-SUPPE MIT CRUNCH

200 g *Parmesan*
500 ml *Gemüsebrühe*
200 g *mehligkochende Kartoffeln*
etwas *frisches Basilikum, zerzupft*

Backofen auf 200 °C Ober-/Unterhitze vorheizen, Backblech mit Backpapier belegen.

PARMESAN in grobe Stücke schneiden, im MT 10 Sek./Stufe 10 zerkleinern. MT leeren.

Aus 50 g **PARMESAN** kleine Plätzchen auf das Backblech streuen und leicht andrücken, etwa 10 Min. im Ofen backen. Den restlichen **PARMESAN** beiseitestellen.

In der Zwischenzeit **GEMÜSEBRÜHE** in den MT geben. **KARTOFFELN** schälen, klein schneiden und im Garkörbchen 20 Min./Varoma/Rührstufe abgedeckt garen.

Die **BRÜHE** mit heißem Wasser auf 500 g auffüllen, **KARTOFFELN** und 150 g **PARMESAN** hinzugeben. 20 Sek./Stufe 10 aufmixen, salzen und pfeffern.

Die **PARMESANPLÄTZCHEN** leicht zerbröseln, mit **BASILIKUMBLÄTTCHEN** auf die heiße Suppe geben und servieren.

1

2

MANGO-GAZPACHO MIT QUINOA

50 g *Quinoa*
1 *Bio-Orange*
1 *Möhre*
1 *Mango*
500 g *Buttermilch*
2 Zweige *Zitronenthymian, gezupft*

QUINOA gründlich waschen. Die Schale der **ORANGE** abreiben und die Orange auspressen.

Die **MÖHRE** schälen, grob in Stücke schneiden und in den MT geben, 5 Sek./Stufe 6 zerkleinern. **ORANGENSAFT**, 100 g Wasser und **QUINOA** hinzufügen, etwa 15 Min./100 °C/Rührstufe garen.

QUINOA herausnehmen und zum Abkühlen beiseitestellen. MT reinigen.

Die **MANGO** schälen, das Fruchtfleisch vom Kern lösen und mit der **BUTTERMILCH**, der **ORANGENSCHALE** und dem **ZITRONENTHYMIAN** in den MT geben, 7 Sek./Stufe 8 aufmixen.

QUINOA auf kleine Teller verteilen und mit der **MANGOBUTTERMILCH** aufgießen.

3

4

5

SUPPEN

6

15

1

2

3

4

5

6

SCHNELLE HÜHNERSUPPE

1 l *Hühnerbrühe*
300 g *Hähnchenunterschenkel*
3 *Schalotten*
200 g *Möhren*
150 g *Sellerie*
1 kl. Bund *Petersilie*

HÜHNERBRÜHE mit einigen Pfefferkörnern in den MT geben, **HÄHNCHENSCHENKEL** in den Garkorb legen und 20 Min./100 °C/Rührstufe garen.

In der Zwischenzeit **SCHALOTTEN** grob zerteilen, **GEMÜSE** würfeln und alles in den Dämpfaufsatz geben. Dämpfaufsatz aufsetzen und **GEMÜSE** mit dem **HÄHNCHEN** weitere 20 Min./100 °C/Rührstufe garen.

Von der **PETERSILIE** die Blätter abzupfen, in die Brühe geben und das **HÜHNERFLEISCH** vom Knochen lösen.

FLEISCH und **GEMÜSE** auf Teller verteilen, mit heißer **BRÜHE** aufgießen und servieren.

SUPPEN

17

1

2

GLASNUDEL-MISOSUPPE MIT SHIITAKE & RINDFLEISCH

3

20 g *Ingwer*
1,5 l *Misobrühe*
200 g *Entrecote*
80 g *Glasnudeln*
100 g *Shiitakepilze*
4 Stängel *Koriandergrün*

4

INGWER schälen, in dünne Scheiben schneiden und mit der MISOBRÜHE in den MT geben. ENTRECOTE in Streifen schneiden und in den Dämpfaufsatz geben, 20 Min./100 °C/Rührstufe garen.

In der Zwischenzeit die GLASNUDELN laut Packungsangabe garen, beiseitestellen.

Die SHIITAKEPILZE vierteln, mit den GLASNUDELN zum Fleisch geben und weitere 5 Min./100 °C/Rührstufe garen.

5

INGWER aus der Brühe nehmen. KORIANDERGRÜN waschen und die Blättchen abzupfen. GLASNUDELN, FLEISCH und PILZE auf Suppenschalen verteilen, mit der Misobrühe aufgießen und mit KORIANDER garnieren.

SUPPEN

6

19

LAUWARME AVOCADOSUPPE MIT KNOBLAUCH-FLAKES

4 *Knoblauchzehen*
2 *Avocados*
750 ml *Gemüsebrühe*
1 *Limette*
etwas *Kresse*

Das **PFLANZENÖL** in einem Topf erhitzen, die **KNOBLAUCHZEHEN** in dünne Scheiben schneiden und leicht frittieren. **KNOBLAUCHFLAKES** und das entstandene **KNOBLAUCHÖL** beiseitestellen.

Die **AVOCADOS** grob schneiden und mit der **BRÜHE** in den MT geben, 20 Sek./Stufe 8 vermixen, dann 4 Min./60 °C/Linkslauf/Stufe 2 erwärmen. Die **LIMETTE** auspressen und den Saft hinzugeben, mit Salz und Pfeffer abschmecken.

Suppe in Schälchen füllen, mit **KNOBLAUCH-FLAKES** und **KRESSE** garnieren, nach Belieben **KNOBLAUCHÖL** darüberträufeln.

SUPPEN

21

1

2

APFEL-FENCHEL-SUPPE MIT FLEISCHKLÖSSCHEN

600 ml *Fleischbrühe*

150 g *Weißwein*

1 *Fenchelknolle*

1 *großer Bio-Apfel*

200 g *mittelfeine Bratwurst*

1 kl. Bund *krause Petersilie*

3

BRÜHE und **WEIN** in den MT geben.

FENCHEL putzen, vierteln, Strunk keilförmig herausschneiden und den Fenchel in dünne Streifen schneiden oder hobeln. **APFEL** entkernen, vierteln und mit der Schale in Scheiben schneiden. **BRAT-WÜRSTE** aufschneiden, das Brät herausdrücken, leicht kneten und zu Klößchen formen.

4

APFEL und **FENCHEL** in den unteren Teil des Dämpfaufsatzes geben, **FLEISCHKLÖSSCHEN** in den oberen. Dämpfaufsatz auf den MT setzen, alles 15 Min./Varoma/Rührstufe erhitzen.

5

PETERSILIE fein hacken und zur **BRÜHE** geben. Mit Salz und Pfeffer abschmecken. Die Suppeneinlage auf Teller verteilen und mit der Brühe aufgießen.

SUPPEN

6

1

2

3

4

5

6

SPICE BOMB

4 *Wirsingblätter*
200 g *Merguez-Würstchen*
750 g *Gemüsefond oder Brühe*
1 *Möhre*
75 g *Sellerie*
8 Stängel *Estragon*

250 g Wasser in den MT geben, **WIRSINGBLÄT-TER** in den Dämpfaufsatz legen, 12 Min./Varoma/Rührstufe dämpfen. Wirsing kalt abschrecken. Den Strunk flach schneiden und die Blätter mit einem Nudelholz plattieren.

Das Brät aus den **MERGUEZ-WÜRSTCHEN** drücken, auf dem **WIRSING** verteilen und die Blätter mit Küchengarn zu Päckchen verschnüren. 750 g **FOND** in den MT geben, **WIRSINGPÄCKCHEN** in den Garkorb setzen und 15 Min./Varoma/Rührstufe dämpfen.

MÖHRE und **SELLERIE** in feine Streifen schneiden und mit dem **ESTRAGON** in die Brühe geben. Weitere 10 Min./Varoma/Rührstufe dämpfen.

Die **WIRSINGPÄCKCHEN** auf Teller geben und mit der Suppe aufgießen.

SUPPEN

1

2

3

4

5

6

LEICHTE FISCHSUPPE

600 ml *Fischfond*

1 kl. Bund *Zitronenthymian*

100 g *Brokkoliröschen*

200 g *Lachs*

200 g *Kabeljau*

8 *Riesengarnelen*

FISCHFOND mit dem Bund **ZITRONENTHYMIAN** in den MT geben. **BROKKOLIRÖSCHEN** in den unteren Dämpfaufsatz legen.

LACHS und **KABELJAU** in Stücke schneiden und mit den **RIESENGARNELEN** in den oberen Dämpfaufsatz legen, leicht salzen und pfeffern, 15 Min./Varoma/Rührstufe dämpfen.

BROKKOLI, **FISCH** und **GARNELEN** auf Teller verteilen. **ZITRONENTHYMIAN** entfernen und den heißen **FOND** über Fisch und Gemüse geben. Dazu schmeckt geröstetes Baguette.

SUPPEN

1

2

3

4

5

6

ÜBERBACKENE ZWIEBELSUPPE

120 g *Gruyère oder Bergkäse*
500 g *Zwiebeln*
50 g *Kräuterbutter*
1 l *Fleischbrühe*
200 g *Weißwein*
1 *Baguette*

Den **KÄSE** in Stücke teilen, 5 Sek./Stufe 5 zerkleinern. MT leeren, **KÄSE** beiseitestellen.

ZWIEBELN in Ringe schneiden. **KRÄUTERBUTTER** in den MT geben, 1 Min./100 °C erhitzen. **ZWIEBELRINGE** zufügen, 10 Min./Varoma/Linkslauf/Stufe 2 anbraten. Dann mit **BRÜHE** und **WEISSWEIN** aufgießen und 20 Min./90 °C/Rührstufe köcheln lassen.

Backofen auf 200 °C Ober-/Unterhitze vorheizen. Das **BAGUETTE** in Scheiben schneiden, goldgelb rösten oder toasten.

Die fertige Suppe in eine feuerfeste Form geben, **BAGUETTESCHEIBEN** darauflegen, den **KÄSE** darüber verteilen und etwa 15 Min. überbacken, bis der Käse goldbraun ist.

SUPPEN

29

1

WIRSINGTOPF MIT BACK-PFLAUMEN & SPECK

2

½ *Wirsing (ca. 500 g)*
2 *Zwiebeln*
200 g *Räucherspeck*
1 l *kräftige Gemüsebrühe*
4 Stängel *Liebstöckel, zerzupft*
10 *Backpflaumen*

3

WIRSING grob zerteilen und in zwei Portionen je 10 Sek./Stufe 4 im MT zerkleinern. MT leeren.

ZWIEBELN vierteln, im MT 3 Sek./Stufe 5 zerkleinern. **RÄUCHERSPECK** in einer Pfanne auslassen, herausnehmen und beiseitestellen. **FETT** aus der Pfanne in den MT geben und **ZWIEBELN** 3 Min./Varoma/Rührstufe darin anschwitzen.

4

GEMÜSEBRÜHE angießen. **WIRSING** und **LIEB-STÖCKEL** hinzufügen und 20 Min./100 °C/Linkslauf/Stufe 1 köcheln lassen.

RÄUCHERSPECK und **BACKPFLAUMEN** hinzugeben und weitere 10 Min./100 °C/Linkslauf/Stufe 1 köcheln lassen. Mit Salz und Pfeffer abschmecken und servieren.

5

6

1

2

ERBSENSUPPE 2.0 MIT ITALO-TOPPING

3

1 *Kartoffel*

600 ml *Gemüsebrühe*

650 g *Erbsen (TK), aufgetaut*

50 g *kalte Butter*

1 Handvoll *Erbsensprossen*

2 EL *Parmesanspäne*

4

Die **KARTOFFEL** schälen und grob zerteilen. **GE-MÜSEBRÜHE** im MT aufkochen lassen. **KARTOF-FELN** und 600 g **ERBSEN** hinzufügen und 20 Min./100 °C/Linkslauf/Stufe 2 garen.

Die kalte **BUTTER** hinzugeben und die Suppe 15 Sek./Stufe 10 aufmixen, dann mit Salz und Pfeffer abschmecken.

Zum Servieren die restlichen **ERBSEN** in die Suppe geben, die Suppe auf Schalen oder Teller verteilen und mit **ERBSENSPROSSEN** und **PARMESAN-SPÄNEN** anrichten.

5

SUPPEN

6

1

2

3

4

5

6

KERBELSCHAUM MIT KARTOFFELNEST & POCHIERTEM EI

1–2 *festkochende Kartoffeln*
200 ml *Pflanzenöl zum Braten*
4 *sehr frische Eier*
500 ml *Gemüsebrühe*
75 g *Kerbel, verlesen*
200 g *Crème fraîche*

KARTOFFELN schälen und mit einem Spiralschneider in feine Spiralen oder mit dem Messer in dünne Streifen schneiden.

PFLANZENÖL in einem kleinen Topf erhitzen. Aus den **KARTOFFELSPIRALEN** vier Nester formen und nacheinander von beiden Seiten jeweils 4 Min. kross braten.

In einem zweiten Topf 2 l Wasser mit 3 EL Essig zum Sieden bringen. Im Wasser durch Rühren mit dem Schneebesen einen Strudel erzeugen. Die **EIER** einzeln in eine Tasse aufschlagen und vorsichtig ins Wasser gleiten lassen, jeweils 6 Min. pochieren.

GEMÜSEBRÜHE im MT zum Kochen bringen. **KERBEL** und **CRÈME FRAÎCHE** hinzufügen, 20 Sek./ Stufe 10 vermischen und mit Salz und Pfeffer abschmecken.

Je ein **KARTOFFELNEST** und ein **POCHIERTES EI** auf einen Teller setzen und mit dem Kerbelschaum angießen.

SUPPEN

35

1

SCHARFE LINSEN-CURRY-SUPPE

2

200 g *Berglinsen*
2 *Schalotten*
50 g *(scharfe) rote Currypaste*
400 g *Gemüsebrühe*
400 g *Kirschtomaten (Dose)*
1 Bund *Koriandergrün*

3

Die **BERGLINSEN** laut Packungsangabe im MT oder Kochtopf garen, abgießen und beiseitestellen.

SCHALOTTEN vierteln, in den MT geben, 8 Sek./ Stufe 5 zerkleinern. **CURRYPASTE** und etwas Öl hinzufügen, 2 ½ Min./Varoma/Linkslauf/Stufe 1 anschwitzen.

4

Mit Brühe aufgießen, die **KIRSCHTOMATEN** und die gegarten **BERGLINSEN** dazugeben, 10 Min./ 90 °C/Linkslauf/Stufe 1,5 erhitzen.

KORIANDERGRÜN waschen, verlesen und die Suppe damit garnieren.

5

SUPPEN

6

1

2

3

4

5

PILZ-CAPPUCCINO

40 g *getrocknete Mischpilze*
600 ml *Kalbsfond*
200 g *Sahne*
1 *Schalotte*
30 g *Butter*

30 g **MISCHPILZE** mit dem **KALBSFOND** in eine Schüssel geben und etwa 1 Std. (oder laut Packungsangabe) einweichen. Die restlichen **MISCHPILZE** im MT 20 Sek./Stufe 10 zermahlen, MT leeren und die gemahlenen Pilze beiseitestellen.

Den Rühreinsatz einsetzen und 50 g **SAHNE** im MT halb steif schlagen und beiseitestellen. MT reinigen.

SCHALOTTE vierteln, im MT 8 Sek./Stufe 5 zerkleinern, **BUTTER** hinzufügen und 5 Min./Varoma/Rührstufe anschwitzen.

Den **FOND** mit den eingeweichten Pilzen angießen und 10 Min./100 °C/Rührstufe erhitzen.

150 g **SAHNE** hinzufügen, 20 Sek./Stufe 10 aufmixen, dann die Suppe mit Salz und Pfeffer abschmecken.

Die Pilzsuppe in Tassen füllen, je einen Klecks halb steife **SAHNE** aufsetzen und mit den gemahlenen **PILZEN** bestreuen.

SUPPEN

1

2

3

4

5

HIMBEER-ROTE-BETE-SUPPE

500 g *Rote Bete, gegart*
1 l *Gemüsebrühe*
250 g *Himbeeren (TK oder frisch)*
2 EL *Himbeeressig*
1 Stängel *Petersilie, zerzupft*

ROTE BETE grob zerkleinern und in den MT geben, 20 Sek./Stufe 5 pürieren. **BRÜHE** hinzufügen, 10 Min./80 °C/Rührstufe erhitzen.

HIMBEEREN vorsichtig waschen, 4 Stück beiseitelegen. Die restlichen Himbeeren durch ein Sieb passieren und das Mark auffangen.

2 EL **HIMBEERESSIG** und das **HIMBEERMARK** zur Suppe geben, 5 Sek./Stufe 8 aufmixen. Mit Salz und Pfeffer abschmecken.

Zum Servieren auf Schalen verteilen und jeweils mit 1 **HIMBEERE** und etwas **PETERSILIE** garnieren.

SUPPEN

41

1

2

3

4

5

SPARGELSUPPE MIT KOKOS

500 g *weißer Spargel*
200 g *Gemüsebrühe*
250 g *Sahne*
1 *Bio-Limette*
4 TL *Kokosöl*

SPARGEL schälen. 250 g Wasser in den MT gießen, Spargel in den Dämpfaufsatz legen, 20 Min./Varoma/Rührstufe dämpfen. MT leeren. Spargelköpfe abschneiden und beiseitelegen.

BRÜHE, **SAHNE** und Spargelstangen in den MT geben und 6 Sek./Stufe 10 pürieren, dann 6 Min./ 100 °C/Rührstufe aufkochen lassen.

Die Schale der **LIMETTE** abreiben und die Limette auspressen. Kurz vor Ende der Kochzeit den **LIMETTENSAFT** und das **KOKOSÖL** zur Suppe geben und mit Salz und Pfeffer würzen.

Zum Servieren die Spargelköpfe auf die Teller verteilen, mit der Suppe aufgießen und mit etwas **LIMETTENSCHALE** bestreuen.

SUPPEN

1

2

UDON-NUDELN IN DASHI-BRÜHE

20 g *Dashi-Pulver*
2–3 *Frühlingszwiebeln*
200 g *Udon-Nudeln*
150 g *Shimeji-Pilze (Buchenpilze)*
1 Bund *Koriandergrün*

3

1000 g Wasser in den MT gießen und 20 g **DASHI-PULVER** hinzufügen. **FRÜHLINGSZWIEBELN** putzen und in mundgerechte Stücke schneiden, mit den **UDON-NUDELN** ins Garkörbchen geben, 15 Min./Varoma/Rührstufe erhitzen.

In der Zwischenzeit den Stielansatz der **SHIMEJI-PILZE** abschneiden. Das **KORIANDERGRÜN** waschen und verlesen.

NUDELN, PILZE, FRÜHLINGSZWIEBELN und **KORIANDER** auf zwei große Schalen verteilen und mit heißer **DASHI-BRÜHE** auffüllen.

4

SUPPEN

5

1

GUINNESS®- GULASCH

2

50 g *Butterschmalz*
500 g *Rindergulasch*
400 g *rote Zwiebeln*
1 *Bouquet garni*
300 g *Rinderfond*
400 g *Guinness®*

3

BUTTERSCHMALZ in der Pfanne zerlassen und das **GULASCH** rundum scharf anbraten. Die **ZWIE-BELN** grob hacken, in der letzten Minute der An-bratzeit zum **GULASCH** geben und anrösten.

4

GULASCH und **ZWIEBELN** in den MT geben, **BOUQUET GARNI** zufügen und mit **FOND** und **GUINNESS®** auffüllen. 90 Min./100°C/Linkslauf/ Stufe 1 garen, dann mit Salz und Pfeffer abschme-cken und servieren.

5

6

1

2

GARNELEN MIT AIOLI

3

4 *Knoblauchzehen*

3 *Eier (Eigelb)*

250 g + 2 EL *Rapsöl*

1 *Zitrone*

5 Stängel *Petersilie*

500 g *Riesengarnelen, aufgetaut, geputzt*

4

Die geschälten **KNOBLAUCHZEHEN** 3 Sek./Stufe 6 zerkleinern, mit dem Spatel nach unten schieben und noch einmal 3 Sek./Stufe 6 zerkleinern. **EIER** trennen. **EIGELB**, ½ TL Salz und 1 Prise Pfeffer zum Knoblauch geben und 5 Sek./Linkslauf/Stufe 6 vermischen.

Rühreinsatz einsetzen. 250 g **ÖL** langsam bei Stufe 3,5 über den Deckel einlaufen lassen, bis die Masse dick wird. **ZITRONE** auspressen und den Saft unter die Aioli rühren. Aioli kalt stellen. MT reinigen.

5

150 g Wasser in den MT gießen, Dämpfaufsatz aufsetzen. **GARNELEN** hineingeben, **PETERSILIE** fein hacken und etwas Salz und 2 EL **ÖL** hinzufügen, 5 Min./Varoma/Rührstufe garen. Gemeinsam mit der Aioli servieren.

6

1

2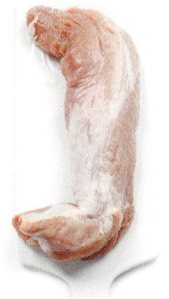

3

4

5

6

RÜCKWÄRTS GEBRATENES SCHWEINEFILET MIT LINSEN

200 g *Beluga-Linsen*

600 g *Schweinefilet*

100 g *Sahne*

4 EL *dunkler Balsamicoessig*

1 Bund *Petersilie, fein gehackt*

4–5 Scheiben *Parmaschinken*

LINSEN mit 400 g Wasser in den MT geben. **SCHWEINEFILET** im Ganzen in den Dämpfaufsatz legen und beides 25 Min./Varoma/Rührstufe garen.

LINSEN abgießen und wieder in den MT geben. **SAHNE** und **BALSAMICO** hinzufügen, 5 Min./90 °C/Linkslauf/Stufe 1 erhitzen. Mit Salz und Pfeffer abschmecken und **PETERSILIE** untermischen.

In der Zwischenzeit das **SCHWEINEFILET** mit **PARMASCHINKEN** umwickeln und in einer Pfanne mit etwas Öl von allen Seiten scharf anbraten.

Das **SCHWEINEFILET** schräg in Scheiben schneiden und mit den **LINSEN** anrichten.

FLEISCH- & FISCHGERICHTE

51

1

2

BARBECUE SPARERIBS „RUBBED"

1500 g *Spareribs*
3 *Bio-Zitronen*
4 TL *Paprikapulver, geräuchert*
4 TL *gemahlener Kreuzkümmel*
4 TL *Knoblauchgranulat oder -pulver*
8 EL *Ketchup*

3

SPARERIBS innen von der Silberhaut befreien, überschüssiges Fett entfernen. Von den **ZITRO-NEN** die Schale fein abreiben.

ZITRONENSCHALE, **PAPRIKA**, **KREUZKÜMMEL**, **KNOBLAUCHGRANULAT** und 6 EL **KETCHUP** zu einer Gewürzmischung verrühren. 2 EL der Mischung beiseitestellen, mit dem Rest die **SPARE-RIBS** einreiben.

4

Je 2–3 Stücke Spareribs in einen Gefrierbeutel legen und diesen verschließen. MT mit 750 g Wasser füllen. Die Beutel mit einem Messer anpieksen, in den Dämpfeinsatz legen und 90 Min./Varoma dämpfen.

5

Vor dem Grillen die verbliebene Gewürzmischung mit 2 EL Ketchup verrühren und die Spareribs damit lackieren, mit Salz und Pfeffer würzen.

6

1

2

3

4

5

LEBERKÄS′ „CAFÉ DE PARIS"

250 g *Crushed Ice*
250 g *Rinderhack*
750 g *Schweinehack*
2 TL *Gewürzmischung „Café de Paris"*
20 g *Pökelsalz*

Backofen auf 160 °C Ober-/Unterhitze vorheizen.

EIS in den MT geben, 5 Sek./Stufe 10 zerkleinern. MT leeren und abtrocknen.

RINDER- und **SCHWEINEHACK, GEWÜRZMI-SCHUNG, PÖKELSALZ** und das zermahlene **EIS** in den MT geben, 8 Min./Stufe 10 zu einer feinen Masse kuttern.

Masse in eine rechteckige Kuchenform geben und 1 Std. backen, am Ende der Backzeit unter dem Grill bräunen lassen. Schmeckt auch kalt als Aufschnitt.

FLEISCH- & FISCHGERICHTE

1

2

ÜBERBACKENES BOHNENMUS MIT THUNFISCH

3

160 g *Bergkäse*

2–3 *Knoblauchzehen*

800 g *weiße Bohnen (Dose)*

120 g *Crème fraîche*

200 g *Thunfisch in Öl, zerbröckelt*

1 Bund *Schnittlauch, gehackt*

Ofen auf 200 °C Ober-/Unterhitze vorheizen. **KÄSE** in grobe Stücke teilen und im MT 10 Sek./Stufe 5 zerkleinern. MT leeren, Käse beiseitestellen.

4 **KNOBLAUCH** im MT 5 Sek./Stufe 6 zerkleinern. Etwas Öl hinzugeben, 2 ½ Min./Varoma/Rührstufe anschwitzen.

BOHNEN abtropfen lassen, dabei 150 ml Flüssigkeit auffangen und mit den Bohnen zum zerkleinerten **KNOBLAUCH** geben, 4 Min./100 °C/Linkslauf/Stufe 1 erhitzen.

5

1 TL Salz und **CRÈME FRAÎCHE** zufügen, 3 Sek./Stufe 3 vermixen. **THUNFISCH**, 80 g **KÄSE** und die Hälfte des **SCHNITTLAUCHS** zufügen, 20 Sek./Linkslauf/Stufe 2 vermengen.

Die Masse auf Gratinformen verteilen, 80 g **KÄSE** darübergeben und im Ofen 20 Min. überbacken. Mit **SCHNITTLAUCH** bestreut servieren.

6

1

RINDER-
TATAR

2

400 g *Rinderfilet*
1 *Schalotte*
1 *Essiggurke*
1 *Ei (Eigelb)*
1 TL *Dijon-Senf*
1 TL *Kapern*

3

RINDERFILET in 2 cm dicke Scheiben schneiden und 45 Min. ins Gefrierfach legen.

Die **SCHALOTTE** und **ESSIGGURKE** grob zerteilen, in den MT geben, 8 Sek./Stufe 5 zerkleinern. MT reinigen.

4

Halb gefrorenes **FILET** in den MT geben, 6 Sek./Stufe 7 zerkleinern.

EI trennen. **EIGELB**, **SENF**, **SCHALOTTE**, **GURKE** und die **KAPERN** zum Fleisch geben, 20 Sek./Linkslauf/Stufe 3 vermischen. Das Tatar mit Salz und Pfeffer abschmecken und servieren.

5

6

1

2

3

4

5

6

SCHARFES HÄHNCHEN MIT ERBSEN-HUMMUS

2 *Hähnchenbrustfilets*
1 EL *rote Currypaste*
350 g *Erbsen (TK)*

1 *Limette*
3 EL *Tahin (Sesammus)*
3 EL *Olivenöl*

Die **HÄHNCHENBRUSTFILETS** der Länge nach auf-, aber nicht ganz durchschneiden, auseinanderklappen und zwischen Frischhaltefolie plattieren.

Mit **CURRYPASTE** bestreichen, aufrollen, in Frischhaltefolie wickeln und die Enden wie bei einem Bonbon eindrehen.

300 g Wasser in den MT geben, **HÄHNCHENBRUST** in den Dämpfeinsatz legen, 20 Min./Varoma/Rührstufe garen. In der Zwischenzeit den Ofen auf niedriger Stufe vorheizen und die Hähnchenbrust dort warm halten.

Die **ERBSEN** in das verbliebene Wasser geben, 5 Min./Varoma/Linkslauf erhitzen, dann das Wasser abgießen.

Von der **LIMETTE** die Schale fein abreiben und den Saft auspressen. **LIMETTENSAFT**, **TAHIN** und 2 EL **OLIVENÖL** zu den Erbsen geben, 7 Sek./Stufe 8 pürieren und mit Salz und Pfeffer abschmecken.

HÄHNCHENBRUST schräg aufschneiden, mit dem **ERBSENHUMMUS** anrichten und mit dem restlichen **OLIVENÖL** beträufeln. Nach Belieben mit **LIMETTENZESTEN** bestreuen.

FLEISCH- & FISCHGERICHTE

61

1

KOKOS-GULASCH

2

2 *Zwiebeln*
100 g *gelbe Currypaste*
500 g *Schweinegulasch*
2 *Bananen*
1 *Bio-Limette*
250 g *Kokosmilch*

3

ZWIEBELN vierteln und in den MT geben, 8 Sek./ Stufe 5 zerkleinern. **CURRYPASTE** und etwas Öl hinzufügen, 2 ½ Min./Varoma/Linkslauf/Stufe 1 anschwitzen.

500 g Wasser und **SCHWEINEFLEISCH** zufügen, 1 Std./100 °C/Rührstufe garen.

4

BANANEN in Scheiben schneiden, von der **LIMETTE** die Schale abreiben und den Saft auspressen.

Gegen Ende der Garzeit **BANANEN**, **KOKOSMILCH** sowie Saft und Schale der **LIMETTE** zum Gulasch geben. 10 Min. ziehen lassen, mit Salz und Pfeffer abschmecken und servieren.

5

6

FLEISCH- & FISCHGERICHTE

1

HIMMEL & ERDE

2

1000 g *vorw. festk. Kartoffeln*
2 *Äpfel (ca. 300 g)*
4 *Blut- oder Leberwürste*
500 ml *Frittieröl*
2 *große Zwiebeln*
75 g *Butter*

3

KARTOFFELN schälen, in grobe Stücke schneiden.
ÄPFEL entkernen, in grobe Stücke schneiden.

300g Wasser in den MT geben, **KARTOFFELN** und **ÄPFEL** in den Dämpfeinsatz legen, 10 Min./Varoma/Rührstufe dämpfen.

4

Dann die **WÜRSTE** in den oberen Dämpfaufsatz legen und alles weitere 10 Min./Varoma/Rührstufe dämpfen.

In der Zwischenzeit **FRITTIERÖL** in einer tiefen Pfanne erhitzen, **ZWIEBELN** in Scheiben schneiden und frittieren, bis sie gebräunt sind. Auf Küchenpapier abtropfen lassen.

5

Am Ende der Garzeit **WÜRSTE** herausnehmen und warm halten. MT leeren. **KARTOFFELN** und **ÄPFEL** in den MT geben, mit **BUTTER** 2 Min./100 °C/Rührstufe erhitzen. Mit Salz und Pfeffer abschmecken. Kartoffelstampf mit Röstzwiebeln und den Würsten anrichten.

6

1

2

3

4

5

6

SAHNE-HERINGE

1 *Schalotte*

1 *süßer Apfel (ca. 100g)*

1 *Zitrone*

3 *Stängel Dill oder Petersilie*

200 g *Schmand*

6 *Bismarckheringe*

SCHALOTTE vierteln, **APFEL** entkernen und in grobe Stücke schneiden, beides in den MT geben, 8 Sek./Stufe 6 zerkleinern. Wenn nötig, zwischendurch mit dem Spatel nachschieben.

ZITRONE auspressen und **KRÄUTER** fein hacken. **ZITRONENSAFT**, **KRÄUTER**, **SCHMAND**, 1 TL Salz und 4 EL Wasser zu Apfel und Schalotte in den MT geben. 10 Sek./Linkslauf/Stufe 3 verrühren und mit Salz und Pfeffer abschmecken.

Mindestens 30 Min. ziehen lassen, dann über die **HERINGE** geben und servieren.

FLEISCH- & FISCHGERICHTE

1

2

CEVAPCICI ZUM BRATEN ODER GRILLEN

1 *Schalotte*

1–2 *Knoblauchzehen*

600 g *Lammhackfleisch (oder Schwein/Rind gemischt)*

2 TL *Paprikapulver*

1 EL *Ajvar*

20 g *Mehl*

SCHALOTTE vierteln, mit dem **KNOBLAUCH** in den MT geben, 5 Sek./Stufe 6 zerkleinern.

HACKFLEISCH, **PAPRIKAPULVER**, **AJVAR** und **MEHL** hinzufügen, mit 1 TL Salz und etwas Pfeffer würzen und 2 Min./Teigknetstufe vermischen.

Aus der Masse kleine Rollen formen und mindestens eine 1 Std. kalt stellen.

Die Cevapcici in der Pfanne braten oder auf Holzspieße stecken und grillen.

3

4

5

6

FLEISCH- & FISCHGERICHTE

1

GEDÄMPFTER FISCH MIT ZITRONENBUTTER

2

2 *Bio-Zitronen*
60 g *weiche Butter*
1 *Knoblauchzehe, gepresst*
600 g *weiße Fischfilets*
1 *Tomate*
5 Stängel *Petersilie, grob gehackt*

3

Schale von 1 **ZITRONE** abreiben, ½ **ZITRONE** pressen. Saft, 1 TL Zitronenschale, **BUTTER** und **KNO-BLAUCH** mit 1 gestr. TL Salz im MT 20 Sek./Linkslauf/Stufe 4 verrühren. MT leeren und reinigen.

4

300 g Wasser in den MT geben. Den **FISCH** von einer Seite mit der **ZITRONENBUTTER** bestreichen und locker in Klarsichtfolie wickeln, auf die Dämpfaufsätze verteilen. 10 Min./Varoma/Rührstufe dämpfen. Die **TOMATE** in Scheiben schneiden und zum Fisch in den oberen Dämpfaufsatz geben, alles weitere 5 Min./Varoma/Rührstufe dämpfen.

5

Restliche **ZITRONE** in Scheiben schneiden. Den **FISCH** mit **TOMATE** und **ZITRONE** anrichten und mit **PETERSILIE** bestreuen.

6

FLEISCH- & FISCHGERICHTE

71

1

2

FISCH-FRIKADELLEN

400 g *weiße Fischfilets*
2 *Frühlingszwiebeln*
80 g *Milch*
80 g *Panko*
2 *Eier*
50 g *Butterschmalz*

300 g Wasser in den MT geben, die **FISCHFILETS** in den Dämpfaufsatz legen, 15 Min./Varoma/Rührstufe dämpfen. Aufsatz abnehmen, MT reinigen.

FRÜHLINGSZWIEBELN in Stücke schneiden und in den MT geben, 8 Sek./Stufe 5 zerkleinern.

FISCHFILET in Stücke zerteilen und mit **MILCH**, 30 g **PANKO**, **EIERN** und 1 TL Salz zu den **FRÜHLINGSZWIEBELN** in den MT geben, alles 10 Sek./Stufe 5 vermengen, dann mit Salz und Pfeffer abschmecken.

Die Masse zu Frikadellen formen und mit restlichem **PANKO** panieren.

BUTTERSCHMALZ in einer Pfanne erhitzen und die Fischfrikadellen von beiden Seiten knusprig braten.

3

4

FLEISCH- & FISCHGERICHTE

5

6

73

1

2

3

4

5

6

4 *Personen* als *Vorspeise* | **20 MIN** *Zubereitung*

MUSCHELN MIT KNOB-LAUCH & KRÄUTERN

1 Bund *Petersilie*

4 *Knoblauchzehen*

50 g *Butter*

500 ml *Gemüsebrühe*

200 g *Weißwein*

800 g *Miesmuscheln, küchenfertig*

TM auf Stufe 6 schalten und die grob gehackte **PE-TERSILIE** auf das laufende Messer fallen lassen. MT leeren und die Petersilie beiseitestellen.

KNOBLAUCH in den MT geben, 8 Sek./Stufe 5 zer-kleinern. **BUTTER** hinzufügen, 2 Min./Varoma/Linkslauf/Stufe 1 anschwitzen. Mit **BRÜHE** und **WEISSWEIN** aufgießen.

MUSCHELN in den Dämpfaufsatz geben, 15 Min./Varoma/Rührstufe garen.

Zum Servieren die Muscheln in eine Schüssel fül-len, mit dem verbliebenen Kochsud übergießen und mit der **PETERSILIE** bestreuen.

FLEISCH- & FISCHGERICHTE

1

2

3

4

5

6

RÄUCHERFORELLEN-LACHS-TATAR

250 g *Lachs*

1 *Frühlingszwiebel*

4 Stängel *Koriander, zerzupft*

1 EL *Limettensaft*

2 EL *Olivenöl*

125 g *geräucherte Forellenfilets*

Den **LACHS** in Stücke schneiden und in den MT geben. Die **FRÜHLINGSZWIEBEL** und den **KORIANDER** fein hacken und hinzufügen, alles 4 Sek./Stufe 3 zerkleinern.

LIMETTENSAFT, **OLIVENÖL** und **FORELLENFILETS** hinzufügen, 5 Sek./Stufe 2 vermischen.

Mit Salz und Pfeffer abschmecken und auf Löffeln oder in Gläschen servieren.

FLEISCH- & FISCHGERICHTE

77

1

FISCH
IM BANANENBLATT

2

20 g *Ingwer*
4 EL *Sambal Oelek*
8 EL *Kokosmilch*
1 *Bund Koriandergrün oder Petersilie*
4 *Bananenblätter*
4 *Fischfilets (à 150 g)*

3

Den **INGWER** schälen, hacken und mit **SAMBAL
OELEK**, **KOKOSMILCH** und **KORIANDER** (bis auf
4 Stängel) in den MT geben, 8 Sek./Stufe 8 zu einer
Paste pürieren. MT leeren.

4

BANANENBLÄTTER (ca. 20 x 30 cm) bereitlegen
und großzügig mit der Würzpaste einstreichen. Die
FISCHFILETS darauflegen, mit Salz und Pfeffer
würzen. Die Bananenblätter zu Päckchen falten
und verschnüren oder mit Holzspießen fixieren.

Bananenblätterpäckchen in den Dämpfaufsatz le-
gen, 500 g Wasser in den MT geben und 25 Min./
Varoma/Rührstufe dämpfen.

5

Vom restlichen **KORIANDER** die Blätter abzupfen
und hacken. Zum Servieren die Bananenblätter öff-
nen und den Fisch mit etwas gehacktem **KORIAN-
DER** bestreuen.

FLEISCH- & FISCHGERICHTE

6

79

1

2

3

LACHS MIT FLÜSSIGEM SAFRANREIS

40 g *Butterschmalz*

50 g *Rundkornreis (z. B. für Risotto)*

½ g *Safranfäden*

250 ml *warme Gemüsebrühe*

600 g *Lachsfilets*

1 *Bio-Zitrone*

20 g **BUTTERSCHMALZ** in den MT geben, 2 Min./Varoma/Rührstufe erhitzen. **REIS** hinzufügen und 2 Min./100 °C/Rührstufe anschwitzen.

SAFRAN und **BRÜHE** zum Reis geben. **LACHSFILETS** in den Dämpfaufsatz legen und alles 20 Min./100 °C/Rührstufe garen.

20 g **BUTTERSCHMALZ** zerlassen. Von der **ZITRONE** die Schale abreiben und den Saft auspressen. Etwas **ZITRONENSCHALE** und **-SAFT** zum Butterschmalz geben, salzen und pfeffern, warm halten.

Nach 20 Min. den Varomabehälter mit dem Lachs geschlossen beiseitestellen.

2 TL **ZITRONENSAFT** und etwas **ZITRONENSCHALE** zum **REIS** geben, 30 Sek./Stufe 10 glatt pürieren, salzen und pfeffern.

Den flüssigen **REIS** auf einen Teller geben, den **FISCH** darauf anrichten und mit **BUTTERSCHMALZ** bestreichen.

5

6

FLEISCH- & FISCHGERICHTE

81

1

GELBES FISCHCURRY

2

2 *große Frühlingszwiebeln*

2 EL *gelbe Currypaste*

1 l *Gemüsebrühe*

200 g *Kokosmilch*

700 g *weißes Fischfilet (z. B. Seelachs oder Kabeljau)*

3

FRÜHLINGSZWIEBELN waschen und schräg in Stücke schneiden. 2 EL Öl im MT 3 Min./80 °C/ Linkslauf/Stufe 1 erhitzen. **FRÜHLINGSZWIEBELN** hinzugeben und 3 Min./120°C/Linkslauf/Stufe 1 anschwitzen.

4

CURRYPASTE dazugeben, weitere 20 Sek./ 100 °C/ Linkslauf/Stufe 1 anrösten. **GEMÜSEBRÜHE** und **KOKOSMILCH** hinzufügen.

Den **FISCH** waschen und in mundgerechte Stücke schneiden, mit Salz und Pfeffer würzen. In den Varomabehälter legen und 22 Min./Varoma/Linkslauf/ Stufe 1 garen.

5

FISCH auf tiefen Tellern anrichten und mit dem **CURRYSUD** aufgießen.

Nach Belieben mit Koriandergrün oder Petersilie garnieren.

1

2

GELIERTES ZWIEBELHÜHNCHEN

500 ml *leichte Hühnerbrühe*

400 g *Hähnchenbrustfilet*

1 *rote Zwiebel*

4 Blatt *Gelatine (für ca. 400 ml Flüssigkeit)*

60 g *Reisessig*

3

HÜHNERBRÜHE mit 6–8 Pfefferkörnern in den MT geben. **HÄHNCHENBRUSTFILETS** grob zerteilen, **ZWIEBEL** achteln, beides ins Garkörbchen geben, 20 Min./100 °C garen.

GELATINE nach Packungsangabe auflösen. 350 ml von der Brühe abmessen, die gelöste **GELATINE**, **REISESSIG**, ½ TL Zucker und ½ TL Salz zufügen, kurz im MT aufkochen.

HÄHNCHENBRUST in mundgerechte Stücke zerrupfen, mit den **ZWIEBELN** vermischen. Auf kleine Einmachgläser verteilen, mit dem heißen **SUD** aufgießen und sofort verschließen. Im Kühlschrank mehrere Stunden auskühlen lassen.

FLEISCH- & FISCHGERICHTE

4

5

1

ERDBEER-RISOTTO

2

1 *Schalotte*
2 EL *Olivenöl*
200 g *Risottoreis*
600 ml *Gemüsebrühe*
200 g *Erdbeeren*
40 g *Parmesan, gerieben*

3

SCHALOTTE vierteln, in den MT geben, 8 Sek./ Stufe 5 zerkleinern. 2 EL **OLIVENÖL** zufügen, 1 ½ Min./Varoma/Linkslauf/Stufe 1 anschwitzen.

4

REIS hinzufügen. TM auf 20 Min./100 °C/Linkslauf/ Stufe 1,5 einstellen. **GEMÜSEBRÜHE** angießen, bis der Reis bedeckt ist. Sobald die Brühe aufgenommen ist, erneut Brühe angießen und so fortfahren, bis die Brühe vollständig verbraucht ist.

In der Zwischenzeit die **ERDBEEREN** in kleine Würfel schneiden. Am Ende der Garzeit **PARMESAN** und Erdbeerwürfel unter den Reis rühren, ein wenig Parmesan und einige Erdbeerwürfel zum Garnieren zurückbehalten.

PASTA I REIS I HÜLSENNFRÜCHTE

5

6

1

2

3

4

5

6

4 *Personen* | **30 MIN** *Zubereitung* | *Salz Pfeffer*

ZITRONIGE BELUGA-LINSEN MIT LAUCH & PILZEN

400 g *Beluga-Linsen*
8 *Egerlinge*
1 Stange *Lauch*
200 g *Crème fraîche*
1 *Bio-Zitrone*
1 kl. Bund *Koriander oder Petersilie*

LINSEN mit 800 g Wasser in den MT geben. 15 Min./100 °C/Linkslauf/Rührstufe garen.

EGERLINGE und **LAUCH** putzen, klein schneiden und in den Dämpfaufsatz geben, alles weitere 10 Min./100 °C/Linkslauf garen.

Dämpfaufsatz abnehmen. **CRÈME FRAÎCHE** zu den Linsen geben und 1 Min./Linkslauf/Stufe 2 vermischen, dann mit Salz und Pfeffer abschmecken.

Von der **ZITRONE** die Schale fein abreiben und den Saft auspressen. **ZITRONENSCHALE**, **SAFT**, **LAUCH** und **EGERLINGE** unter die Linsen mischen, mit **KORIANDERBLÄTTCHEN** garnieren und servieren.

1

2

KICHERERBSEN-SÜSSKARTOFFEL-STEW

300 g *Süßkartoffel*
25 g *Bohnenkraut*
400 g *Kichererbsen (Dose)*
200 g *rotes Pesto*
2 TL *Piment d'Espelette*
200 g *Cocktailtomaten*

SÜSSKARTOFFEL schälen und in Würfel schneiden. 250 g Wasser in den MT geben, **SÜSSKARTOFFELN** mit dem **BOHNENKRAUT** ins Garkörbchen geben und 10 Min./Varoma/Rührstufe dämpfen.

Den Ofen auf 200 °C Ober-/Unterhitze vorheizen.

Wasser abgießen. **KICHERERBSEN** mit den **SÜSS-KARTOFFELN** vermengen, rotes **PESTO**, **PIMENT D'ESPELETTE** und **TOMATEN** hinzugeben und locker vermischen. Alles 15–20 Min. im Ofen backen.

Mit Salz und Pfeffer abschmecken und servieren.

3

4

5

6

1

PENNE „ONE POT" MIT GRÜNEN BOHNEN & SPECK

2

1 *Schalotte*

100 g *durchwachsener Speck*

200 g *Buschbohnen*

300 g *Penne*

250 g *Kräuterfrischkäse*

1 kl. Bund *Petersilie, gehackt*

3

Die **SCHALOTTE** schälen, vierteln und in den MT geben, 8 Sek./Stufe 5 zerkleinern. Mit Öl 2 ½ Min./Varoma/Linkslauf/Stufe 1 anschwitzen. **SPECK** in kleine Würfel schneiden, in einer Pfanne auslassen und mit dem Fett zu der **SCHALOTTE** geben.

4

BOHNEN putzen und zerteilen. Mit **NUDELN**, **FRISCHKÄSE** und 800 g Wasser zu **SCHALOTTE** und **SPECK** in den MT geben. Alles 16 Min./100 °C/Linkslauf/Stufe 1–2 erhitzen.

Mit Salz und Pfeffer abschmecken und mit der **PETERSILIE** bestreut servieren.

5

6

1

2

3

HÖRNCHEN-NUDELN MIT GORGONZOLA-WALNUSS-SOSSE

250 g *Champignons*

60 g *Walnusskerne, gehackt*

1 *rote Zwiebel*

3–4 Stängel *Salbei*

250 g *Gorgonzola*

300 g *Hörnchen-nudeln*

PILZE putzen und vierteln, beiseitestellen.

WALNUSSKERNE in den MT geben, 2 Sek./Stufe 4 zerkleinern, dann in einer Pfanne ohne Fett anrösten.

ZWIEBEL vierteln, in den MT geben, 8 Sek./ Stufe 5 zerkleinern. ⅔ der **SALBEIBLÄTTER** mit dem Messer grob hacken und mit 2 EL Öl zu den Zwiebeln geben, 2 ½ Min./Varoma/Linkslauf/Stufe 1 glasig anschwitzen.

GORGONZOLA in Stücke brechen und mit **NU-DELN**, 1 TL Salz und 800 g Wasser zu Salbei und Zwiebeln in den MT geben, 16 Min./100 °C/Links-lauf/Stufe 1 erhitzen.

Gegen Ende der Garzeit der Nudeln etwas Öl in einer Pfanne erhitzen und die restlichen **SALBEI-BLÄTTER** ca. 10 Sek. frittieren, zum Abtropfen auf Küchenpapier legen.

PILZE in das noch heiße Fett geben und 2 Min. anbraten. Die Nudeln mit Salz und Pfeffer abschmecken, mit **PILZEN**, gerösteten **WALNÜSSEN** und frittiertem **SALBEI** anrichten.

4

5

6

95

1

2

3

FUSILLI MIT SELBST GEMACHTEM ZITRONEN-RICOTTA

1 ½ *Bio-Zitronen*
1000 g *Milch*
200 g *Sahne*
400 g *Fusilli*
2 EL *Parmesan, gehobelt*
½ Bund *Rucola*

Von den **ZITRONEN** die Schale fein abreiben und den Saft auspressen.

MILCH, **SAHNE**, Salz und **ZITRONENSAFT** in den MT geben, 9 Min./90 °C/ Linkslauf/Stufe 2 erhitzen. Bei geschlossenem MT 15 Min. stehen lassen.

Ein Sieb mit einem sauberen Küchentuch auslegen und die Masse hineingeben, etwa 1 Std. abtropfen lassen.

In der Zwischenzeit die **NUDELN** kochen.

Den abgetropften, selbst gemachten **RICOTTA** mit der **ZITRONENSCHALE** vermischen und unter die heißen Nudeln heben. Mit Salz und Pfeffer abschmecken, mit **PARMESANHOBELN** bestreuen und mit **RUCOLA** garnieren.

4

5

6

PASTA I REIS I HÜLSENNFRÜCHTE

1

2

3

4

5

6

RAVIOLI MIT MORTADELLA & HÄHNCHENBRUST

150 g *Hartweizengrieß*
150 g *Weizenmehl*
200 g *Hähnchen-brustfilet*

150 g *Mortadella*
150 g *Parmesan, gerieben*
2 *Eier*

HARTWEIZENGRIESS, **MEHL**, 130 g Wasser und 1 TL Salz in den MT geben, 5 Min./Teigknetfunktion vermengen. MT leeren, den Nudelteig kurz mit der Hand durchkneten und 30 Min. ruhen lassen.

In der Zwischenzeit **HÄHNCHENBRUST** grob mit dem Messer zerkleinern und mit der **MORTADEL-LA** in den MT geben, 10 Sek./Stufe 7 zerkleinern. 120 g **PARMESAN** und 1 **EI** zugeben, 10 Sek./Links-lauf/Stufe 4 untermischen.

Das verbliebene **EI** trennen. Den **NUDELTEIG** dünn ausrollen und in zwei Hälften teilen. Aus der Fleisch-masse kirschgroße Kugeln formen und mit 5 cm Abstand auf die eine Hälfte des Nudelteigs setzen. Die Zwischenräume mit **EIGELB** bestreichen. Die zweite Hälfte des Nudelteigs über die Füllung le-gen, den Teig andrücken und dann mit einem klei-nen Glas die Ravioli ausstechen.

Ränder noch einmal gut andrücken, dann die Ravio-li in siedendem Salzwasser 4–5 Min. ziehen lassen.

Mit **PARMESAN**, 1 Spritzer Olivenöl und etwas Pfef-fer anrichten.

1

2

3

4

5

6

TAGLIATELLE MIT SALSICCIA-TOMATEN-SOSSE

300 g *Weizenmehl*
3 *Eier*
400 g *Salsiccia*
1 Dose *Tomaten (400 g, stückig)*
1 kl. Bund *Rucola*
nach Belieben *Parmesan, gerieben*

MEHL, **EIER**, 10 g **WASSER** und 1 TL Salz in den MT geben, 5 Min./Teigknetfunktion vermengen. MT leeren und den Nudelteig von Hand kurz durchkneten, dann mindestens 30 Min. ruhen lassen.

Den **TEIG** dünn ausrollen, mit der Nudelmaschine zu Tagliatelle formen oder von Hand in 4 mm breite Streifen schneiden.

Das Wurstbrät aus der **SALSICCIA** drücken und in der Pfanne scharf anbraten. **TOMATEN** zugeben, 6–8 Min. einkochen lassen und mit Salz und Pfeffer abschmecken.

TAGLIATELLE in siedendem Wasser 4–5 Minuten garen, kurz abtropfen lassen und in die Sauce geben.

Auf Tellern anrichten, mit klein geschnittenem **RUCOLA** und **PARMESAN** bestreuen und servieren.

PASTA I REIS I HÜLSENNFRÜCHTE

101

1

2

3

4

5

6

FRÜHLINGSPASTA MIT SPARGEL-RICOTTA-FÜLLUNG

300 g *Hartweizengrieß*	**200 g** *grüner Spargel*
3 *Eier*	**100 g** *Ricotta*
70 g *Parmesan, grobe Stücke*	**25 g** *Butter*

HARTWEIZENGRIESS, 100 g Wasser, 1 **EI** und 1 TL Salz in den MT geben, 5 Min./Teigknetfunktion vermengen. MT leeren, den Teig kurz von Hand kneten und mindestens 30 Min. ruhen lassen. 50 g **PARMESAN** 7 Sek./Stufe 8 zerkleinern, MT leeren.

200 g Wasser in den MT geben, **SPARGEL** in den Dämpfaufsatz legen und 8 Min./Varoma/Rührstufe dämpfen. MT leeren. Die **SPARGELSPITZEN** abschneiden und beiseitelegen. Den restlichen **SPARGEL** mit dem zerkleinerten **PARMESAN** in den MT geben, 5 Sek./Stufe 7 pürieren. **RICOTTA** und 1 **EIGELB** hinzufügen, 10 Sek./Linkslauf/Stufe 3 vermengen. Mit Salz und Pfeffer abschmecken.

Den Teig ausrollen, 10 x 10 cm große Vierecke ausschneiden. Teigränder mit **EIGELB** bestreichen und je 1 TL Ricotta-Spargel-Mischung auf den Teig geben. Zum Dreieck umklappen und andrücken. In siedendem Salzwasser 4–5 Minuten ziehen lassen.

In einer Pfanne **BUTTER** zerlassen, bis sie schäumt, Ravioli und **SPARGELSPITZEN** hinzufügen und kurz erhitzen. Den restlichen **PARMESAN** reiben und über die Ravioli streuen.

103

1

2

3

4

5

PICI MIT PANCETTA & SALBEI

300 g *Hartweizengrieß*
1 *Ei*
200 g *Pancetta (in Scheiben)*
3 Stängel *Salbei*
1 kl. Bund *Petersilie, grob gehackt*

HARTWEIZENGRIESS, 100 g **WASSER**, **EI** und 1 TL Salz in den MT geben, 5 Min./Teigknetfunktion vermengen. MT leeren, den Teig kurz von Hand kneten, dann mindestens 30 Min. ruhen lassen.

TEIG ausrollen, in ½ cm dicke Streifen schneiden und mit der Hand darüberrollen. Die Pici in siedendem Salzwasser 4–5 Min. ziehen lassen.

PANCETTA mit dem **SALBEI** scharf anbraten. Die gegarten **PICI** hinzufügen und kurz unterrühren. **PETERSILIE** über die Nudeln geben, mit Salz und Pfeffer abschmecken und servieren.

PASTA I REIS I HÜLSENNFRÜCHTE

1

KÄSEKNÖPFCHEN MIT RÖSTZWIEBELN & RUCOLA-STROH

2

250 g *würziger Käse (Bergkäse oder Gruyère)*

300 g *Hartweizengrieß*

1 *Ei*

500 ml *Frittieröl*

4 *Zwiebeln*

1 Bund *Rucola*

3

KÄSE grob zerteilen und in den MT geben, 4 Sek./Stufe 6 zerkleinern und beiseitestellen.

HARTWEIZENGRIESS, 100 g Wasser und 1 TL Salz in den MT geben, 5 Min./Teigknetfunktion vermengen. Teigbrösel im MT 30 Min. ruhen lassen.

4

FRITTIERÖL in einer hohen Pfanne erhitzen, die **ZWIEBELN** in Scheiben schneiden und frittieren, bis sie gebräunt sind (10–15 Min.). In den letzten 20 Sek. **RUCOLA** mit in die Pfanne geben. **ZWIEBELN** und **RUCOLA** auf Küchenpapier abtropfen lassen.

Ofen auf 200 °C Ober-/Unterhitze vorheizen. Einen Topf mit leicht gesalzenem Wasser aufsetzen.

5

TEIGBRÖSEL im MT nochmals 1 Min. in der Teigknetfunktion vermengen, ggf. noch Mehl zufügen, falls der Teig zu klebrig ist. Die Knöpfchen ins kochende Wasser geben und etwa 4–5 Min. garen.

Knöpfchen abgießen, in eine feuerfeste Form geben und zügig mit dem geriebenen **KÄSE** vermengen. 12 Min. backen. In den letzten 2 Min. **ZWIEBELN** und **RUCOLA** zufügen.

6

1

2

3

4

5

6

QUARK-GNOCCHI

120 g *Parmesan*

3 *Eier (Eigelb)*

750 g *Ricotta oder Magerquark*

75 g *Hartweizengrieß*

75 g *Kartoffelpüree-Flocken*

1 kl. Bund *Petersilie, fein gehackt*

100 g **PARMESAN** grob zerteilen und in den MT geben, 6 Sek./Stufe 6 zerkleinern. **EIER** trennen. **EIGELB**, **RICOTTA**, 2 TL Salz, **GRIESS** und die **KARTOFFELPÜREE-FLOCKEN** zum Parmesan geben, alles 1 Min./Teigknetfunktion vermengen. Den Teig abgedeckt 1 Std. ruhen lassen.

Auf einer gut bemehlten Arbeitsfläche aus dem **TEIG** mit der Hand lange Rollen formen und 2 cm breite Stücke davon abschneiden. Teigstücke mit einem Gnocchibrett formen oder mit leichtem Druck über die Zinken einer Gabel rollen.

In einem Topf Wasser zum Sieden bringen. **GNOCCHI** (ggf. portionsweise) hineingeben und 5 Min. ziehen lassen.

Den restlichen **PARMESAN** reiben. Die fertigen Gnocchi mit **PETERSILIE** und **PARMESAN** bestreuen und servieren.

PASTA I REIS I HÜLSENNFRÜCHTE

1

FARFALLE À LA COLA-BOLO

2

500 g *Rinderhackfleisch*
1 *große rote Zwiebel*
75 g *Sellerie*
300 g *Cola*
1 Dose *Tomaten (400 g, stückig)*
400 g *Farfalle*

3

Das **HACKFLEISCH** in einer Pfanne mit ein wenig Öl scharf anbraten.

Die **ZWIEBEL** vierteln, den **SELLERIE** in Würfel schneiden, beides in den MT geben, 10 Sek./Stufe 5 zerkleinern. Etwas Öl hinzugeben und 3 Min./Varoma/Rührstufe anschwitzen.

4

Mit **COLA** ablöschen. **TOMATEN**, **HACKFLEISCH** und 2 TL Salz hinzufügen und 45 Min./100 °C/Linkslauf/Stufe 1 offen einkochen.

In der Zwischenzeit Salzwasser in einem Topf zum Kochen bringen und die **FARFALLE** darin garen.

5

Die **HACKFLEISCHSOSSE** mit Salz und Pfeffer abschmecken, unter die gekochten **FARFALLE** heben und servieren.

6

1

2

3

4

5

6

KÜRBISRISOTTO MIT KARAMELLISIERTEN KÜRBISKERNEN

2 EL *Zucker*

4 EL *Kürbiskerne*

60 g *Parmesan*

250 g *Hokkaido-Kürbis*

200 g *Risottoreis*

600 ml *Gemüsebrühe*

In einer Pfanne den **ZUCKER** bei starker Hitze in 4 EL Wasser auflösen. Die **KÜRBISKERNE** hinzufügen und unter Rühren karamellisieren, dann beiseitestellen.

PARMESAN in Stücke zerteilen, in den MT geben, 6 Sek./Stufe 8 zerkleinern. MT leeren.

KÜRBIS klein schneiden und in den Dämpfaufsatz geben. **RISOTTOREIS** in den MT geben, 200 g **BRÜHE** angießen. Dämpfaufsatz aufsetzen, schließen, 22 Min./100 °C/Stufe 1,5 garen. Etwa alle 5 Min. **BRÜHE** nachgießen (dafür den Dämpfaufsatz kurz abnehmen), bis die **BRÜHE** verbraucht ist. Dämpfaufsatz abnehmen und geschlossen beiseitestellen.

PARMESAN zum **RISOTTO** geben, 20 Sek./Linkslauf/Stufe 2 vermischen. **RISOTTO** in einen Topf geben und warm halten. MT reinigen.

KÜRBIS in den MT geben, 6 Sek./Stufe 8 pürieren. **KÜRBISPÜREE** unter den **RISOTTO** heben, mit Salz und Pfeffer abschmecken. Zum Servieren mit den karamellisierten **KÜRBISKERNEN** bestreuen.

PASTA | REIS | HÜLSENNFRÜCHTE

1

LINSEN MIT PETERSILIENÖL & STREMELLACHS

1 Bund *Petersilie, grob gehackt*
1½ *Zitronen*
100 g *Olivenöl*
300 g *Berglinsen*
2 *Möhren*
200 g *Stremellachs*

2

TM auf Stufe 5 schalten und die grob gehackte **PETERSILIE** auf das laufende Messer fallen lassen.

Die **ZITRONEN** auspressen. **ZITRONENSAFT**, **OLIVENÖL** und 2 TL Salz zur **PETERSILIE** in den MT geben und 5 Sek./Stufe 5 vermixen. MT leeren, das Kräuteröl beiseitestellen.

3

Die **LINSEN** laut Packungsangabe im MT kochen. **MÖHREN** in kleine Würfel schneiden und 10 Min. vor Ende der Garzeit im Garkörbchen mitgaren. 5 Min. vor Ende der Garzeit den **STREMELLACHS** im Dämpfaufsatz erwärmen.

4

LINSEN abgießen, den **LACHS** grob zerteilen und beides mit den **MÖHRENWÜRFELN** und dem **PETERSILIENÖL** vermischen. Mit Salz und Pfeffer abschmecken.

5

6

1

2

3

4

5

6

MAISPÜREE MIT FENCHEL & BRATWURSTSPIESS

4 Kolben *Zuckermais*
2 *große Fenchel-knollen mit Grün*
100 g *Butter*

100 g *Crème fraîche*
4 *grobe Bratwürste*
8 *Cocktailtomaten*

500 g Wasser in den MT geben. Die **MAISKOLBEN** 10 Min./Varoma/Rührstufe im Dämpfaufsatz garen.

FENCHEL vierteln, den harten Strunk entfernen, **FENCHELGRÜN** beiseitelegen. Fenchel in Schei-ben schneiden. Zu den **MAISKOLBEN** geben und beides weitere 20–25 Min./Varoma/Rührstufe ga-ren. MT leeren.

Die **MAISKÖRNER** mit einem Messer von den Kol-ben schneiden, in den MT geben. 50 g **BUTTER**, etwas **FENCHELGRÜN** und **CRÈME FRAÎCHE** hin-zufügen, mit Salz und Pfeffer würzen und 6 Sek./Stufe 8 pürieren.

BRATWURST in Stücke schneiden. Restliche **BUT-TER** in einer Pfanne zerlassen und die Wurst darin braten. In den letzten 2 Min. den **FENCHEL** hinzu-geben und mitbraten.

BRATWURSTSTÜCKE und **TOMATEN** abwech-selnd auf Spieße stecken. Das **MAISPÜREE** anrich-ten, mit dem **FENCHEL** und den Spießen servieren.

PASTA | REIS | HÜLSENNFRÜCHTE

1

2

3

4

5

6

SOJABOHNEN MIT FETA & MINZE

1 *Bio-Orange*

2 cm *Ingwer*

300 g *Sojabohnen ohne Schote*

3 EL *Olivenöl*

1 kl. Bund *Minze*

100 g *Feta*

Mit einem scharfen Messer ¼ von der Schale der **ORANGE** dünn abschälen und in feine Streifen schneiden. Den **INGWER** schälen und reiben.

250 g Wasser in den MT geben, die **SOJABOHNEN** mit dem **INGWER** und der **ORANGENSCHALE** mischen, in das Garkörbchen geben, 12 Min./Varoma/Rührstufe dämpfen.

In der Zwischenzeit die **ORANGE** auspressen. 6 EL Orangensaft mit **OLIVENÖL** mischen. Fein gehackte **MINZE** hinzugeben und die Marinade mit Salz und Pfeffer würzen.

Die gedämpften **SOJABOHNEN** mit der Marinade verrühren und 30 Min. ziehen lassen. Zum Servieren den **FETA** zerbröseln und über die Sojabohnen geben.

1

2

3

4 *Personen* | **25 MIN** *Zubereitung* | *Salz*
20 MIN *Backen* | *Pfeffer*

NUDELAUFLAUF MIT FENCHEL & LACHS

1 *Fenchelknolle*
300 g *Lachs*
400 g *kurze Nudeln*
120 g *Mini-Mozzarella-Kugeln*
200 g *Sahne*
2 *Eier*

4

FENCHEL vierteln, Strunk herausschneiden und Fenchel in dünne Scheiben schneiden. Fenchelgrün beiseitelegen. LACHS in Würfel schneiden.

FENCHEL in die erste und LACHS in die zweite Ebene des Dämpfaufsatzes legen.

NUDELN in einen Topf geben und in Salzwasser nach Packungsanweisung garen.

Backofen auf 220 °C Ober-/Unterhitze vorheizen.

5

NUDELN ausdämpfen lassen, dann in eine ausgefettete Tarteform geben. FENCHEL, LACHS und MOZZARELLA locker unterheben.

SAHNE und EIER mit 1 TL Salz und frisch gemahlenem Pfeffer im MT 4 Sek./Linkslauf/Stufe 4 verquirlen und über die Zutaten in der Tarteform gießen.

Im Ofen 15–20 Min. backen. Zum Servieren mit gehacktem FENCHELGRÜN bestreuen.

PASTA | REIS | HÜLSENFRÜCHTE

6

1

2

REISSCHNITZEL MIT SOUR CREAM

3

150 g *Reis*
3 TL *edelsüßes Paprikapulver*
3 *Eier*
3 EL *Mehl*
100 g *Milch*
250 g *saure Sahne*

4

REIS nach Packungsangabe im MT garen, hierbei **PAPRIKAPULVER** mit ins Garwasser geben. Reis auskühlen lassen.

EIER, **MEHL** und **MILCH** hinzufügen und alles 15 Sek./Linkslauf/Stufe 4 vermischen.

Etwas Öl in einer Pfanne erhitzen, den **REISTEIG** portionsweise zu kleinen Schnitzeln ausbacken. Mit Salz und Pfeffer würzen und mit einem Klecks **SAURER SAHNE** servieren.

5

PASTA I REIS I HÜLSENNFRÜCHTE

6

1

2

3

4

5

6

ANTIPASTI-PASTA

1 *gelbe Paprika*
1 *Aubergine*
50 g *Pinienkerne*
75 g *Parmesan*
130 ml *Olivenöl*
320 g *Nudeln*

PAPRIKA waschen und entkernen. **PAPRIKA** und **AUBERGINE** in kleine Würfel schneiden. In einer Pfanne 2 EL **OLIVENÖL** erhitzen und das Gemüse darin anbraten.

PINIENKERNE in einer zweiten Pfanne ohne Fett anrösten. **PARMESAN** reiben. Je 1 EL **GEMÜSE**, **PINIENKERNE** und **PARMESAN** beiseitestellen.

Restliches **GEMÜSE**, **PINIENKERNE** und **PAR-MESAN** mit dem **OLIVENÖL** in den MT geben und 10 Sek./Stufe 6 pürieren, salzen und pfeffern. In eine Schüssel geben und MT reinigen.

1200 g Wasser in den MT geben und 10 Min./ 100 °C/Stufe 1 zum Kochen bringen. 1 EL Salz und die **NUDELN** hineingeben und laut Packungsanga-be 100 °C/Linkslauf/Stufe 1 al dente kochen.

NUDELN abgießen und die Soße unter die Nudeln mischen, evtl. ein paar Löffel warmes Wasser hin-zufügen.

NUDELN anrichten und mit **GEMÜSE**, **PARMESAN** und **PINIENKERNEN** garnieren.

1

2

3

4

5

6

BAKED BEANS

500 g *Cannellini-Bohnen*
1 *Zwiebel*
1000 g *passierte Tomaten*
2 *Lorbeerblätter*
250 g *Apfelsaft*
250 g *durchwachsener Speck*

BOHNEN über Nacht einweichen, anschließend nach Packungsangabe garen.

In der Zwischenzeit die **ZWIEBEL** vierteln, in den MT geben und 8 Sek./Stufe 5 zerkleinern.

Passierte **TOMATEN**, 1 TL Salz, **LORBEERBLÄTTER** und den **APFELSAFT** hinzufügen. Den **SPECK** in den Dämpfaufsatz (ohne Deckel) geben. Alles ungefähr 90 Min./100 Grad/Linkslauf/Stufe 1 garen. Während dieser Zeit den **SPECK** zweimal wenden. Die Soße sollte am Ende der Garzeit etwa auf die Hälfte eingekocht sein.

LORBEERBLÄTTER entfernen, die Soße 10 Sek./Stufe 8 pürieren und mit Salz und Pfeffer abschmecken.

Den **SPECK** in Würfel schneiden und in einer Pfanne bei starker Hitze anbraten. Dann mit den **BOHNEN** zur Soße geben, alles noch einmal 2 Min./Varoma/Rührstufe erwärmen und servieren.

1

2

BREZEL-SERVIETTENKNÖDEL

4 *Brezeln (vom Vortag)*
1 *Zwiebel*
50 g *Räucherspeck, gewürfelt*
200 g *Milch*
2 *Eier*
1 Bund *Schnittlauch*

BREZELN in Stücke brechen und im MT in 2 Portionen je 4 Sek./Stufe 8 zerkleinern, MT leeren.

ZWIEBEL schälen, vierteln und im MT 8 Sek./Stufe 5 zerkleinern. Etwas Öl und den **SPECK** zugeben und 5 Min./Varoma/Rührstufe anschwitzen. **MILCH** und **EIER** hinzufügen, 3 Min./60 °C/Linkslauf/Stufe 2 erwärmen.

Milch-Ei-Masse zu den **BREZELSTÜCKEN** geben und locker vermischen. 5 Min. ruhen lassen, dann die Masse in den MT geben. 1 TL Salz sowie etwas Pfeffer hinzufügen und 3 Min./Teigrührstufe vermengen.

Aus dem Teig 2 Rollen formen, in Klarsichtfolie wickeln. 500 g Wasser in den MT geben, die Teigrollen in den Dämpfaufsatz legen und 35 Min./90 °C garen.

Die Folie entfernen, Rollen in Scheiben schneiden. Die Serviettenknödel mit gehacktem **SCHNITTLAUCH** bestreut servieren.

3

4

5

6

1

2

BULGUR MIT KUMQUATS

80 g *Mandeln*
250 g *Bulgur*
150 ml *Gemüsebrühe*
200 g + 3 EL *Orangensaft*
100 g *Kumquats*
3 Stängel *Minze, gehackt*

3

MANDELN 3 Sek./Stufe 5 zerkleinern, dann in einer Pfanne ohne Fett anrösten.

BULGUR abspülen, in den MT geben. Die **GEMÜSEBRÜHE** und 200 g **ORANGENSAFT** hinzufügen, 10 Min./100 °C/Rührstufe garen.

4

KUMQUATS in Scheiben schneiden. In einer Pfanne etwas Öl erhitzen. Kumquats darin anschwitzen und mit 3 EL **ORANGENSAFT** ablöschen. Die Flüssigkeit 2 Min. reduzieren, dann beiseitestellen.

Den gegarten **BULGUR** in eine Schüssel geben. **MANDELN** und **KUMQUATS** unterheben. Mit Salz und Pfeffer abschmecken und mit grob gehackter **MINZE** bestreuen.

5

6

1

NUSSIGER KÜRBIS-KARTOFFELSTAMPF

2

5 EL *Haselnüsse*

400 g *mehligkochende Kartoffeln*

400 g *Hokkaido-Kürbis*

200 g *Sellerie*

60 g *Butter*

200 g *Sahne*

3

Die **NÜSSE** in den MT geben, 3 Sek./Stufe 5 zerkleinern. MT leeren.

300 g Wasser in den MT gießen. **KARTOFFELN, KÜRBIS** und **SELLERIE** schälen, in Stücke schneiden und in den Dämpfaufsatz geben. 20 Min./Varoma/Rührstufe garen, dann den MT leeren.

4

Inzwischen die **NÜSSE** ohne Fett in der Pfanne anrösten. In einer zweiten Pfanne die **BUTTER** zerlassen und bräunen, die gerösteten **NÜSSE** unterrühren.

5

Das gegarte **GEMÜSE** in den MT geben, 1 TL Salz, **SAHNE** sowie die **NUSSBUTTER** zufügen, 20 Sek./Linkslauf/Stufe 4 verrühren. Mit Salz und Pfeffer abschmecken.

6

1

2

3

EIERREIS MIT GOMASIO

300 g *Parboiled Reis*
5 EL *Sesamsamen*
3 *Eier*
4 EL *Sesamöl*
3 *Frühlingszwiebeln*
4 *braune Champignons*

Am Vortag 600 ml Wasser im MT zum Kochen bringen und den **REIS** nach Packungsanweisung garen.

Für das Gomasio (Sesamsalz) die **SESAMSAMEN** in einer Pfanne ohne Fett anrösten, bis sie duften. In den MT geben, 1 TL Salz zufügen, 3 Sek./Stufe 7 zerkleinern. MT leeren.

EIER mit 2 EL **SESAMÖL** im MT 5 Sek./Linkslauf/ Stufe 4 verquirlen. **FRÜHLINGSZWIEBELN** in schmale Ringe und **CHAMPIGNONS** in mundgerechte Stücke schneiden.

2 EL **SESAMÖL** im Wok oder in einer Pfanne stark erhitzen. **FRÜHLINGSZWIEBELN**, **CHAMPIG- NONS**, den **REIS** vom Vortag und die verquirlten **EIER** zufügen. Unter Rühren 3–5 Min. braten, mit Pfeffer und wenig Salz abschmecken. Mit **GOMASIO** bestreut servieren.

BEILAGEN

4

5

6

135

1

LEICHT SCHARFER VANILLE-SPITZKOHL

800 g *Spitzkohl*
1 *Schalotte*
30 g *Butter*
1 *Vanilleschote*
1 TL *Piment d'Espelette*
200 g *Sahne*

2

SPITZKOHL vierteln, den Strunk entfernen, Kohl in grobe Stücke schneiden. Portionsweise im MT je 8 Sek./Stufe 4 zerkleinern. MT leeren und ausspülen.

3

250 g Wasser in den MT gießen, **SPITZKOHL** in den Dämpfaufsatz geben und 15 Min./Varoma/ Rührstufe dämpfen. Aufsatz abnehmen, beiseitestellen, MT leeren.

SCHALOTTE vierteln, in den MT geben, 8 Sek./Stufe 5 zerkleinern. **BUTTER** hinzugeben und 2 ½ Min./ Varoma/Linkslauf/Stufe 1 anschwitzen.

4

VANILLESCHOTE aufschlitzen und das Mark herauskratzen, mit **PIMENT D'ESPELETTE**, 1 TL Salz und **SAHNE** in den MT geben, 2 Min./Varoma/ Rührstufe erhitzen.

5

Gedämpften **SPITZKOHL** hinzugeben, noch einmal 30 Sek./100 °C/Linkslauf/Stufe 3 erwärmen und sofort servieren.

6

BEILAGEN

1

2

3

BULGURSALAT MIT ROTKOHL

700 g *Rotkohl*
120 g *Bulgur*
1 TL *Zimt*
6 EL *Olivenöl*
4 EL *Obstessig*
1 Bund *Rucola*

Den **ROTKOHL** in grobe Stücke schneiden, in den MT geben, 7 Sek./Stufe 5 zerkleinern. MT leeren und ausspülen.

Den **BULGUR** abspülen und in den MT geben. 350 g Wasser sowie 1 TL Salz hinzufügen und 10 Min./100 °C/Rührstufe garen.

Den **BULGUR** in einer Schüssel mit dem **ROTKOHL** vermischen und 2 TL Salz, etwas Pfeffer, **ZIMT**, **OLIVENÖL** und **ESSIG** hinzufügen und vermengen.

Schließlich den **RUCOLA** in grobe Stücke schneiden und unterheben. Den Salat durchziehen lassen und servieren.

BEILAGEN

4

5

6

1

TOMATENREIS MIT ZWEIERLEI TOMATEN

2

600 ml *Gemüsebrühe*
300 g *Parboiled Reis*
50 g *getrocknete Tomaten*
2 *Schalotten*
1 EL *Zucker*
1 Dose *Tomaten (400 g, stückig)*

3

BRÜHE im MT zum Kochen bringen und den **REIS** laut Packungsangabe garen.

10 Min. vor Ende der Garzeit die **GETROCKNETEN TOMATEN** im Garkörbchen mitgaren. **REIS** abgießen und beiseitestellen. **GETROCKNETE TOMATEN** grob hacken.

4

SCHALOTTEN vierteln, mit den **GETROCKNETEN TOMATEN** in den MT geben und 8 Sek./Stufe 5 zerkleinern. Mit etwas Öl und dem **ZUCKER** 2 Min./Varoma/Rührstufe anschwitzen.

Die **STÜCKIGEN TOMATEN** hinzugeben, 5 Min./100 °C/Linkslauf/Stufe 1 erhitzen, dann 5 Sek./Stufe 8 pürieren.

5

Die Tomatenpaste mit dem gegarten **REIS** vermischen und servieren.

6

1

ECHT FRANZÖSISCHER ALIGOT

2

350 g *Gruyère oder Bergkäse*
750 g *mehligkochende Kartoffeln*
1 EL *Butter*
3 EL *Crème fraîche*
½ TL *Muskatnuss*
1 Bund *Schnittlauch*

3

KÄSE in grobe Stücke schneiden, in den MT geben und 5 Sek./Stufe 5 zerkleinern, dann beiseitestellen.

KARTOFFELN schälen und in grobe Würfel schneiden. 400 g Wasser in den MT geben und die **KARTOFFELN** im Dämpfaufsatz 25 Min./Varoma/Rührstufe garen. MT leeren.

4

Rühreinsatz einsetzen. Die noch heißen **KARTOFFELN**, **KÄSE**, 1 TL Salz, **BUTTER**, **CRÈME FRAÎCHE** und geriebene **MUSKATNUSS** in den MT geben und 45 Sek./Stufe 5 pürieren. Mit Salz und Pfeffer abschmecken, wenn gewünscht, noch mit etwas Milch glatt rühren.

5

SCHNITTLAUCH in feine Röllchen schneiden und den Aligot vor dem Servieren damit bestreuen.

6

BEILAGEN

143

1

2

3

4

5

MAISKOLBEN MIT ZITRONEN-KRÄUTER-BUTTER

2 *Knoblauchzehen*
2 Kolben *Zuckermais*
1 *Bio-Zitrone*
125 g *Butter (weich)*
2 Stängel *Thymian, gezupft*

500 g Wasser und die **KNOBLAUCHZEHEN** in den MT geben. Die **MAISKOLBEN** in den Dämpfaufsatz legen und 30–35 Min./Varoma/Rührstufe garen.

In der Zwischenzeit von der **ZITRONE** die Schale fein abreiben. Am Ende der Garzeit MT leeren, Maiskolben beiseitestellen.

In den noch warmen MT die **BUTTER**, den **KNOB-LAUCH**, 2 TL **ZITRONENSCHALE**, **THYMIAN-BLÄTTCHEN**, ½ TL Salz und etwas Pfeffer geben, 20 Sek./Linkslauf/Stufe 4 verrühren.

Die **MAISKOLBEN** in Stücke schneiden, mit der fast flüssigen **BUTTER** überziehen und servieren.

BEILAGEN

1

KARTOFFELN MIT SOUR CREAM & BACON

2

4 *große Kartoffeln*
2 *Schalotten*
200 g *saure Sahne*
200 g *Frischkäse*
1 Bund *Petersilie, gehackt*
100 g *Bacon*

3

500 g Wasser in den MT geben und die **KARTOFFELN** in den Dämpfaufsatz legen, etwa 45 Min./Varoma/Rührstufe dämpfen. Kartoffeln beiseitestellen, MT reinigen.

4

SCHALOTTEN schälen, vierteln, in den MT geben und 8 Sek./Stufe 5 zerkleinern. Etwas Sonnenblumenöl zufügen, 2 ½ Min./Varoma/Linkslauf/Stufe 1 anschwitzen. **SAURE SAHNE**, **FRISCHKÄSE**, ½ TL Salz und **PETERSILIE** zugeben und 30 Sek./Linkslauf/Stufe 4 vermischen. Mit Salz und Pfeffer abschmecken.

5

Den **BACON** in einer Pfanne bei starker Hitze kross braten. Die **KARTOFFELN** mit der **SOUR CREAM** und dem **BACON** servieren.

6

BEILAGEN

1

2

3

4

5

6

PELLKARTOFFELSALAT MIT NUSSBUTTER

400 ml *Hühnerbrühe*

1000 g *festkochende Kartoffeln*

40 g *Butter*

1 EL *Dijon-Senf*

4 EL *Obstessig*

1 *Frühlingszwiebel*

HÜHNERBRÜHE in den MT geben, **KARTOFFELN** im Dämpfaufsatz verteilen, 25 Min./Varoma/Rührstufe dämpfen.

Die **KARTOFFELN** etwas abkühlen lassen, pellen und in Scheiben schneiden. Die **BUTTER** in einer Pfanne bräunen.

100 g **KARTOFFELSCHEIBEN** in den MT zur verbleibenden Hühnerbrühe geben, die gebräunte **BUTTER**, **SENF**, **ESSIG**, 1 TL Salz und etwas Pfeffer hinzufügen und 10 Sek./Stufe 6 zu einem Dressing vermixen.

Die **FRÜHLINGSZWIEBEL** in dünne Scheiben schneiden. **KARTOFFELN** in eine Schüssel geben, das **DRESSING** und die **FRÜHLINGSZWIEBELN** darübergeben und alles sorgfältig vermengen.

Mit Salz und Pfeffer abschmecken und 1 Std. ziehen lassen.

BEILAGEN

1

2

3

DIBBELABBES (SAAR-LÄNDISCHE RÖSTI)

1000 g *festkochende Kartoffeln*
300 g *Sellerie*
2 *Eier*
2 EL *Mehl*
4 Stängel *Petersilie, gehackt*
etwas *Butterschmalz zum Braten*

500 g Wasser in den MT geben, **KARTOFFELN** im Ganzen und **SELLERIE** in groben Stücken in den Dämpfaufsatz geben, 10 Min./Varoma/Rührstufe halb garen. MT leeren.

Das **GEMÜSE** ausdampfen lassen, dann in große Stücke teilen und in den MT geben, 8 Sek./Stufe 5 zerkleinern. **EIER**, **MEHL**, **PETERSILIE** und 2 TL Salz zufügen, 20 Sek./Stufe 2–3 vermengen.

BUTTERSCHMALZ in einer beschichteten Pfanne erhitzen, etwa ¼ der Kartoffelmasse hineingeben und zu einem Rösti formen (gut andrücken). Von beiden Seiten je ca. 10 Min. braten, nach der Hälfte der Garzeit mithilfe eines Tellers wenden.

Fertige Rösti warm halten und die weiteren Rösti ebenso braten.

BEILAGEN

4

5

6

1

2

KARAMELLISIERTE MÖHREN MIT PETERSILIE

1000 g *Bundmöhren*
1–2 EL *Butterschmalz*
1 EL *Puderzucker*
1 kl. Bund *Petersilie*

500 ml Wasser in den MT geben. **MÖHREN** putzen und schälen, dabei etwas Grün stehen lassen. Im Ganzen in den Dämpfaufsatz legen, 20 Min./Varoma/Rührstufe dämpfen. **MÖHREN** herausnehmen und ausdampfen lassen.

Etwas **BUTTERSCHMALZ** in einer großen Pfanne erhitzen. Die **MÖHREN** hineingeben, mit **PUDERZUCKER** bestäuben und karamellisieren. Dabei immer wieder wenden, bis die **MÖHREN** leicht gebräunt sind.

PETERSILIE fein hacken. Die **MÖHREN** mit Salz und Pfeffer würzen und mit der **PETERSILIE** bestreut servieren.

3

4

BEILAGEN

1

GEFÜLLTE RIESENPILZE

2

8 *Riesenchampignons*
100 g *Parmesan oder Bergkäse*
1 Bund *Rucola*
8 *getrocknete Tomaten*
400 g *grobe Salsiccia*

3

Die **CHAMPIGNONS** aushöhlen und beiseitestellen. **PARMESAN** in grobe Stücke zerteilen. **RUCOLA** grob zerkleinern.

Getrocknete **TOMATEN** und **PARMESAN** in den MT geben, 10 Sek./Stufe 6 zerkleinern.

4

Das Wurstbrät aus der **SALSICCIA** ausdrücken, mit der Hälfte des **RUCOLA** in den MT zur Tomaten-Käse-Masse geben und 20 Sek./Linkslauf/Stufe 5 vermengen.

Die ausgehöhlten **CHAMPIGNONS** mit der Masse füllen und in den Dämpfaufsatz setzen. MT mit 250 g Wasser füllen und die Pilze 25 Min./Varoma/Rührstufe dämpfen.

5

Als Option: Den Ofen auf höchster Stufe Oberhitze/Grillfunktion vorheizen. Die gegarten **CHAMPIGNONS** mit weiteren 10 g geriebenem **PARMESAN** bestreuen und 5 Min. unter dem Grill überbacken.

BEILAGEN

155

1

2

HARZER-KÄSE-TÜRMCHEN

400 g *Harzer Käse*
1 *Apfel*
2 EL *Essig*
150 g *Pumpernickel*
30 g *weiche Kräuterbutter*

3

HARZER KÄSE in grobe Stücke schneiden und im MT 8 Sek./Stufe 4 zerkleinern. MT leeren.

Den **APFEL** vierteln, entkernen und im MT 8 Sek./Stufe 4 zerkleinern. MT leeren.

APFEL und **KÄSE** vermischen, **ESSIG** und 2 EL Öl hinzufügen und mit Salz und Pfeffer abschmecken.

4

Den **PUMPERNICKEL** in den MT geben, 10 Sek./Stufe 4 zerkleinern. **KRÄUTERBUTTER** hinzufügen und 1 Min./Varoma/Rührstufe erhitzen.

PUMPERNICKELMISCHUNG in Metallringe füllen, etwas andrücken und 30 Min. kalt stellen. Die **KÄSE-APFEL-MISCHUNG** darauf anrichten, nach Belieben mit Kräutern bestreuen und servieren.

5

SALATE I FINGERFOOD I SNACKS

1

2

3

4

5

4 *Personen* | **10 MIN** *Zubereitung* | *Salz* | *Öl*
2 STD *Ziehen*

HERZHAFTER KRAUTSALAT

5 Stängel *Petersilie*
600 g *Weißkohl*
250 g *Essig*
60 g *Zucker*
1 TL *Kümmel*

Die **PETERSILIE** zupfen. TM auf Stufe 6 schalten und die Petersilie auf das laufende Messer fallen lassen. MT leeren und die Petersilie beiseitestellen. MT spülen.

WEISSKOHL in grobe Stücke teilen, im MT portionsweise je 8 Sek./Stufe 4 zerkleinern. Weißkohl in eine große Schüssel füllen, MT spülen.

70 g Öl, **ESSIG, ZUCKER** und 4 TL Salz in den MT geben, 5 Min./Varoma/Stufe 1 erhitzen.

Sud über den **WEISSKOHL** geben, **KÜMMEL** und **PETERSILIE** hinzufügen und sorgfältig vermengen. Mindestens 2 Std. ziehen lassen.

SALATE I FINGERFOOD I SNACKS

1

GERUPFTES HUHN MIT NEKTARINEN

2

400 g *Hähnchenbrustfilets*
80 ml *Olivenöl*
4 *reife Nektarinen*
1 Kugel *Büffelmozzarella*
1 kl. Bund *Basilikum*
4 EL *Balsamicoessig*

3

Die **HÄHNCHENBRUSTFILETS** mit etwa 1 EL **OLI-VENÖL** einreiben, mit Salz und Pfeffer würzen und in Klarsichtfolie einschlagen. 250 g Wasser in den MT geben, die Filets in den Dämpfeinsatz legen, 20 Min./Varoma/Rührstufe garen. Auskühlen lassen.

4

NEKTARINEN entsteinen, in Spalten schneiden und auf einem Servierteller verteilen. Die **HÄHNCHEN-BRUSTFILETS** und den **MOZZARELLA** mit den Fingern zerzupfen und zu den Nektarinen geben.

BASILIKUM grob hacken. Den Salat nochmals salzen und pfeffern, **OLIVENÖL** und **BALSAMICO-ESSIG** darübergeben und mit **BASILIKUM** garniert servieren.

5

SALATE I FINGERFOOD I SNACKS

6

1

2

ITALIENISCHER NUDELSALAT

300 g *kurze Nudeln*
3 EL *Pinienkerne*
1 *Zitrone*
10 *getrocknete Tomaten (in Öl eingelegt)*
1 kl. Bund *Basilikum*
50 g *Parmesan*

3

SALATE I FINGERFOOD I SNACKS

Die **NUDELN** bissfest garen, dann beiseitestellen und erkalten lassen.

PINIENKERNE in einer Pfanne ohne Fett anrösten. **ZITRONE** auspressen.

4

5 getrocknete **TOMATEN** mit etwas Öl aus dem Glas, **ZITRONENSAFT**, 1 Handvoll **BASILIKUM-BLÄTTER** und 1 EL **PINIENKERNEN** in den MT geben, 4 Sek./Stufe 8 pürieren. MT leeren, reinigen.

PARMESAN in grobe Stücke teilen, in den MT geben und 5 Sek./Stufe 6 zerkleinern.

5

Das Tomatendressing mit den Nudeln vermischen. **BASILIKUM** und die restlichen 5 **TOMATEN** hacken, mit dem **PARMESAN** unter die Nudeln mischen, salzen und pfeffern.

Mindestens 30 Minuten ziehen lassen. Mit 2 EL **PINIENKERNEN** bestreut servieren.

6

1

2

3

SALZ-HONIG-MANDELN

1 *Ei (Eiweiß)*
400 g *Mandeln*
2 EL *flüssiger Honig*

Backofen auf 180 °C Ober-/Unterhitze vorheizen.

EI trennen. **EIWEISS** und 2 TL Salz in den MT geben, Rühreinsatz einsetzen, 25 Sek./Stufe 4 schlagen. Rühreinsatz herausnehmen.

Die **MANDELN** und den **HONIG** zum Eischnee geben. 10 Sek./Linkslauf/Stufe 2 vermischen.

MANDELN in ein Sieb geben und kurz abtropfen lassen. Dann auf einem Backblech ausbreiten und etwa 15–20 Min. im vorgeheizten Ofen rösten, zwischendurch ein paar Mal wenden.

Die Salz-Honig-Mandeln vollständig auskühlen lassen. In einem Schraubglas aufbewahren.

SALATE I FINGERFOOD I SNACKS

1

KNUSPRIGE KICHERERBSEN

2

250 g *getrocknete Kichererbsen*
1 *Knoblauchzehe*
1 gestr. EL *Ras El Hanout*
½ TL *Zimt*
1 EL *Olivenöl*

3

KICHERERBSEN über Nacht in 1 l Wasser quellen lassen. Wasser abgießen und Kichererbsen gründlich abspülen.

KICHERERBSEN in den MT geben, etwa 60 Min./100 °C/Linkslauf/Stufe 1 garen.

In der Zwischenzeit den Ofen auf 190 °C Ober-/Unterhitze vorheizen. **KICHERERBSEN** abgießen und gut ausdämpfen lassen.

4

KICHERERBSEN auf ein Backblech geben und im Ofen etwa 1 Std. rösten, bis sie kross sind, zwischendurch ein paar Mal bewegen.

5

KNOBLAUCHZEHE im MT 4 Sek./Stufe 6 zerkleinern. **RAS EL HANOUT**, **ZIMT**, 1 TL Salz, **OLIVENÖL** und **KICHERERBSEN** hinzufügen, 10 Sek./Linkslauf/Stufe 4 vermischen.

Die gewürzten Kichererbsen vollständig auskühlen lassen und in einem Schraubglas aufbewahren.

SALATE | FINGERFOOD | SNACKS

1

2

3

4

5

6

ORIENTALISCHE YUFKA-RÖLLCHEN

250 g *Merguez-Würstchen*
2 *kleine Auberginen*
2 *Schalotten*

200 g *Schafskäse*
1 TL *Ras el Hanout*
1 Päckchen *Yufkateig (250 g)*

300 g Wasser in den MT geben. Wurstbrät aus den **MERGUEZ-WÜRSTCHEN** drücken und in das Garkörbchen geben. **AUBERGINEN** längs halbieren und in den Dämpfaufsatz legen. Beides 20 Min./Varoma/Rührstufe dämpfen und abkühlen lassen. MT leeren. Das Innere der **AUBERGINEN** auskratzen.

Die **SCHALOTTEN** schälen, im MT 4 Sek./Stufe 6 zerkleinern und mit etwas Öl 2 ½ Min./Varoma/Rührstufe anschwitzen.

Zerbröckelten **SCHAFSKÄSE**, das Innere der **AUBERGINEN**, **WURSTBRÄT** und **RAS EL HANOUT** hinzufügen, 15 Sek./Stufe 3/Rührstufe mixen, mit Salz und Pfeffer würzen.

Backofen auf 180 °C Ober-/Unterhitze vorheizen.

YUFKATEIG doppelt legen und in 15 x 15 cm große Stücke schneiden. Je 1 EL der **FÜLLUNG** mit 2 cm Abstand zum Rand auf den unteren Teil des Teigquadrats geben. Seiten nach innen einklappen, dann von unten aufrollen. Die Röllchen auf ein mit Backpapier belegtes Backblech legen und im Ofen 20 Min. backen.

1

2

3

4

5

6

| **4** *Personen* | **35 MIN** *Zubereitung*
 1 STD *Kühlen* | *Salz*
 Pfeffer |

FRISCHKÄSE-POPS

1 *Möhre*

300 g *Pumpernickel*

300 g *Frischkäse*

100 g *Butter*

1 EL *Zitronensaft*

1–2 Bund *Schnittlauch*

MÖHRE schälen, in Stücke schneiden und im MT 6 Sek./Stufe 6 zerkleinern.

PUMPERNICKEL in Stücke brechen, zur Möhre in den MT geben und 5 Sek./Linkslauf/Stufe 5 unter-mischen.

FRISCHKÄSE, **BUTTER** und **ZITRONENSAFT** hin-zufügen und alles 30 Sek./Linkslauf/Stufe 3 vermi-schen, wenn nötig, zwischendurch mit dem Spatel nachschieben.

Die Masse mit Salz und Pfeffer abschmecken, dann 1 Std. kalt stellen.

SCHNITTLAUCH fein schneiden. Aus der **FRISCH-KÄSEMASSE** kleine Kugeln formen, die Kugeln durch die **SCHNITTLAUCHRÖLLCHEN** rollen und auf Spieße stecken.

1

2

3

4

5

SCHNELLER KIMCHI

25 g *Ingwer*

800 g *Chinakohl*

2 Stangen *Staudensellerie*

3 EL *Fischsoße*

1 EL *Puderzucker*

INGWER schälen und in feine Scheiben schneiden.
Mit 250 g Wasser in den MT geben. **CHINAKOHL** in
breite Streifen, **STAUDENSELLERIE** schräg in 3 cm
lange Stücke schneiden, beides in den Dämpf-
aufsatz geben und 15 Min./Varoma/Stufe 1 dämp-
fen. MT leeren. **CHINAKOHL** und **STAUDENSEL-
LERIE** in eine Schüssel geben.

INGWER in den MT zurückgeben und mit
FISCHSOSSE, 4 EL Öl und **PUDERZUCKER** 10 Sek./
Stufe 8 zu einem Dressing vermixen.

Das **GEMÜSE** mit dem Dressing übergießen, mit
Salz und Pfeffer abschmecken und 1 Std. im Kühl-
schrank ziehen lassen.

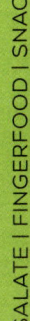

SALATE | FINGERFOOD | SNACKS

1

2

3

4

5

6

SCHWARZE LINSENBÄLL-CHEN MIT MINZDIP

250 g *Beluga-Linsen*
1 *Ei*
2 TL *rote Currypaste*
750 ml *Frittieröl*
3 Stängel *Minze*
300 g *Joghurt*

Die **LINSEN** laut Packungsangabe im MT oder Kochtopf garen. Anschließend unter kaltem Wasser abspülen und kurz trocknen lassen.

LINSEN wieder in den MT geben, **EI** und **CURRYPASTE** hinzufügen und 10 Sek./Linkslauf/ Stufe 7 vermischen.

Das **FRITTIERÖL** erhitzen. Aus der Linsenmasse walnussgroße Bällchen formen und diese portionsweise je etwa 4 Min. frittieren.

Für den Dip die **MINZE** bei Stufe 6 auf das rotierende Messer fallen lassen. **JOGHURT**, ½ TL Salz und etwas Pfeffer hinzufügen, 10 Sek./Linkslauf/Stufe 3 vermischen.

SALATE | FINGERFOOD | SNACKS

175

1

2

3

4

5

6

KÄSE-PATTIES FÜR BURGER

280 g *Grillkäse*
1 *Ei*
4 EL *Weißbrotbrösel*
2 TL *Ras EL Hanout*
2 TL *Sesamsamen*
1 EL *Butterschmalz*

GRILLKÄSE in große Stücke brechen und in den MT geben. **EI, WEISSBROTBRÖSEL, RAS EL HANOUT** und **SESAMSAMEN** hinzufügen und alles 5 Sek./Stufe 6 vermixen.

Patties in die gewünschte Form bringen, z. B. mithilfe eines Metallrings. Das **BUTTERSCHMALZ** in einer Pfanne zerlassen und die Patties darin goldbraun braten.

SALATE I FINGERFOOD I SNACKS

1

2

3

4

5

6

LEICHTE SUMMERROLLS

2 *Möhren*

1 *Salatgurke*

½ *Eisbergsalat*

4 EL *Edamame-Bohnen (TK)*

8 *Reispapierblätter*

1 Bund *Koriandergrün, zerzupft*

MÖHREN, **GURKE** und **SALAT** in feine Streifen schneiden.

250 g Wasser in den MT gießen. Die **MÖHREN-STREIFEN** in den Dämpfaufsatz legen, die **EDA-MAME-BOHNEN** ins Garkörbchen geben und beides 12 Min./Varoma/Rührstufe dämpfen. Die Bohnen aus den Schoten lösen.

Die **REISPAPIERBLÄTTER** nach Packungsangabe einzeln anfeuchten.

Alle Zutaten nach Belieben jeweils auf der unteren Hälfte der **REISPAPIERBLÄTTER** verteilen. **REIS-PAPIER** erst von unten, dann von den Seiten einklappen und aufrollen. Als Dip eignet sich Sojasoße oder süßsaure Soße.

SALATE | FINGERFOOD | SNACKS

179

1

BALSAMICO-PILZE

2

150 ml *Balsamicoessig*
2 EL *Honig*
½ TL *Piment d´Espelette*
400 g *Egerlinge*
2 Stängel *Petersilie*
2 EL *Olivenöl*

3

Den **BALSAMICOESSIG** mit **HONIG**, **PIMENT D´ESPELETTE** und ½ TL Salz in den MT geben. Die **EGERLINGE** in den Dämpfaufsatz geben und 15 Min./Varoma/Rührstufe garen.

In der Zwischenzeit die **PETERSILIE** grob hacken.

4

EGERLINGE mit 2 EL Olivenöl in den Balsamico-Sud geben und 1 Min./Linkslauf/Stufe 2 marinieren.

Mit Salz und Pfeffer abschmecken, mit gehackter **PETERSILIE** bestreuen und lauwarm servieren.

5

6

1

2

EDAMAME AUS DER SCHOTE

500 g *Sojabohnen in der Schote*
etwas *Rauchsalz*

MT mit 500 g Wasser füllen, **SOJABOHNEN** in den Dämpfaufsatz geben. 20 Min./Varoma/ Rührstufe dämpfen.

Noch heiß auf kleine Portionsschälchen verteilen, mit **RAUCHSALZ** bestreuen und die Sojabohnen direkt aus der Schote knabbern.

SALATE | FINGERFOOD | SNACKS

1

2

3

4

5

6

SCHOTTISCHE EIER

8 *Eier*

1 Bund *Schnittlauch*

500 g *grobe Bratwurst*

8 EL *Panko*

2 EL *Mehl*

500 ml *Frittieröl*

500 g Wasser in den MT geben, 6 **EIER** in den Dämpfaufsatz legen und 14 Min./Varoma/ Rührstufe garen. Dann die Eier abschrecken, pellen und auskühlen lassen. **SCHNITTLAUCH** hacken und beiseitestellen.

BRATWÜRSTE aufschneiden, das Brät herausdrücken und in den MT geben, 2 EL **SCHNITTLAUCH** hinzufügen und 10 Sek./Linkslauf/Stufe 4 vermischen. Mit Salz und Pfeffer abschmecken.

Die 2 restlichen **EIER** mit der Gabel verquirlen. **PANKO** und **MEHL** jeweils auf einen tiefen Teller geben. **FRITTIERÖL** auf 180 °C erhitzen.

Etwa 80 g **WURSTBRÄT** in die angefeuchtete Handfläche geben, flach drücken, ein gekochtes **EI** hineinlegen und fest mit dem Wurstbrät umschließen. Im **MEHL**, dann im verquirlten **EI** und schließlich im **PANKO** wenden. So mit allen Eiern verfahren.

Die Eier portionsweise je etwa 6 Min. goldbraun frittieren. Zum Servieren mit **SCHNITTLAUCH** bestreuen.

SALATE | FINGERFOOD | SNACKS

185

1

2

3

4

5

ARTISCHOCKEN MIT DIP

2 *große Artischocken*

2 *Eier*

6 EL *Essig*

1 TL *Zucker*

1 kl. Bund *Schnittlauch*

600 g Wasser in den MT geben. Die **ARTISCHO-CKEN** in den Dämpfaufsatz legen und 26 Min./Varoma/Rührstufe dämpfen.

Die **EIER** zu den **ARTISCHOCKEN** geben und weitere 14 Min./Varoma/Rührstufe garen. **EIER** abschrecken, abkühlen lassen, pellen und fein hacken. **ARTISCHOCKEN** zugedeckt beiseitestellen.

Etwas Öl, **ESSIG** und **ZUCKER** verrühren, fein gehackten **SCHNITTLAUCH** und die gehackten **EIER** untermischen. Mit Salz und Pfeffer abschmecken.

ARTISCHOCKENBLÄTTER abzupfen, den unteren Teil eindippen und genießen. Vom Artischockenboden das Stroh entfernen und auch den Boden mit Dip genießen.

SALATE | FINGERFOOD | SNACKS

187

1

2

3

4

5

2 *Gläser à 650 ml* | **15 MIN** *Zubereitung* **24 STD** *Ziehen* | *Salz Pfefferkörner*

EINGEMACHTE GELBE TOMATEN

125 g *Zucker*

125 g *Essig*

400 g *rote Zwiebeln*

750 g *gelbe (oder grüne) Tomaten*

4 Zweige *Thymian*

500 g Wasser, **ZUCKER**, 1½ TL Salz und den **ESSIG** in den MT geben. Die **ZWIEBELN** in Ringe schneiden und in den Dämpfaufsatz geben. 10 Min./Varoma/Rührstufe erhitzen.

In der Zwischenzeit die **TOMATEN** in Scheiben schneiden, mit den **ZWIEBELN**, den **THYMIANZWEIGEN** und 1 TL Pfefferkörner auf Einmachgläser verteilen. Mit dem Sud aufgießen. Sofort verschließen und mindestens 24 Std. ziehen lassen.

SALATE | FINGERFOOD | SNACKS

1

2

3

4

5

6

2 *Gläser à* 500 ml | **15 MIN** *Zubereitung* **3 TAGE** *Ziehen* | *Salz* *Pfefferkörner*

DILLGURKEN IN WÜRZIGEM SUD

1000 g *Salatgurken*

100 g *Essig*

150 g *Zucker*

2–3 *Lorbeerblätter*

2 EL *Senfkörner*

1 kl. Bund *Dill*

GURKEN schälen, längs halbieren und die Kerne mit einem Löffel entfernen. Gurkenhälften in etwa ½ cm breite Stücke schneiden und in den Dämpfaufsatz legen.

1000 g Wasser, **ESSIG**, **ZUCKER**, **LORBEERBLÄTTER**, **SENFKÖRNER**, 2 TL Salz und 1 TL Pfefferkörner in den MT geben, 8 Min./Varoma/Rührstufe erhitzen.

Den Dämpfaufsatz mit den **GURKEN** aufsetzen und weitere 4 Min./Varoma/Rührstufe erhitzen.

Die **GURKEN** in Einmachgläser füllen, je 2 Stängel **DILL** dazugeben, mit dem heißen Sud aufgießen und sofort verschließen. Mindestens 3 Tage durchziehen lassen, anschließend kühl aufbewahren.

1

2

3

4

5

6

VERY BRITISH LEMON CURD

250 g *Zucker*
5 *Bio-Zitronen*
70 g *Butter*
6 *Eier (Eigelb)*
2 TL *geriebener Ingwer*

ZUCKER in den MT geben, 10 Sek./Stufe 10 zu Puderzucker zermahlen.

Schale von 1 **ZITRONE** fein abreiben, dann Zitronen auspressen. 200 ml **ZITRONENSAFT** und die **BUTTER** zum Zucker in den MT geben, 3½ Min./90 °C/Linkslauf/Stufe 1 erhitzen.

EIER trennen, **EIGELB** zur Zitronenmasse in den MT geben. 10 Min./90 °C/Linkslauf/Stufe 2 erhitzen.

Abgeriebene **ZITRONENSCHALE** und **INGWER** hinzufügen. Weitere 10 Min./90 °C/Linkslauf/Stufe 2 erhitzen, bis die Masse eindickt.

Den fertigen Lemon Curd in heiß ausgespülte Gläser füllen und auskühlen lassen. Er hält sich im Kühlschrank etwa 4 Wochen.

AUFSTRICHE I DIPS

1

2

3

4

5

| **2** *Gläser à 200 ml* | **5 MIN** *Zubereitung* | *Salz Pfeffer* | *Olivenöl* |

VEGANE LEBERWURST

1 *rote Zwiebel*

200 g *geräucherter Tofu*

240 g *Kidneybohnen*

4 Stängel *Majoran, zerzupft*

4 Stängel *Petersilie, zerzupft*

ZWIEBEL vierteln, 8 Sek./Stufe 5 zerkleinern. Etwas Olivenöl zugeben, 2 ½ Min./Varoma/Linkslauf/ Stufe 1 andünsten.

TOFU würfeln, mit **BOHNEN, KRÄUTERN** und 1 TL Salz in den MT geben. 10 Sek./Stufe 7 pürieren. Mit Salz und Pfeffer abschmecken.

In heiß ausgespülte Gläser mit Deckel abgefüllt, hält sich die vegane Leberwurst im Kühlschrank etwa 4 Wochen.

AUFSTRICHE I DIPS

1

2

FEIGEN-NUSS-AUFSTRICH

40 g *Walnusskerne*
40 g *Cashewkerne*
250 g *getrocknete Feigen*
1 *Bio-Orange*
100 g *brauner Zucker*

3

NÜSSE und Cashewkerne in einer Pfanne anrösten. Abkühlen lassen, dann in den MT geben, 5 Sek./ Stufe 10 zerkleinern. MT leeren, **NÜSSE** und **CASHEWKERNE** beiseitestellen.

Die **FEIGEN** grob zerkleinern, **ORANGENSCHALE** abreiben und die **ORANGE** auspressen. **FEIGEN, ORANGENSCHALE, SAFT, ZUCKER** und 150 g Wasser in den MT geben, 15 Min./ 100 °C/Linkslauf/ Stufe 1 erhitzen.

4

Gemahlene **NÜSSE** und **CASHEWKERNE** hinzufügen, 10 Sek./Stufe 6 mixen.

In heiß ausgespülte Gläser mit Deckel abgefüllt, hält sich der Aufstrich im Kühlschrank etwa 3 Monate.

5

AUFSTRICHE I DIPS

197

1

2

3

4

5

FEUERROTE PAPRIKACREME

5 *rote Paprika*

4 *Knoblauchzehen*

2 TL *Honig*

1 *Bio-Orange*

4 Stängel *Petersilie, zerzupft*

Den Ofen auf 220 °C Ober-/Unterhitze vorheizen. **PAPRIKA** putzen und entkernen, im Ofen rösten, bis die Haut dunkel ist. Zugedeckt abkühlen lassen.

KNOBLAUCH in den MT geben und 10 Sek./Stufe 5 zerkleinern. Ein wenig Öl hinzufügen, 2 Min./Varoma/Linkslauf/Stufe 1 anschwitzen.

Die **PAPRIKA** häuten und die Schale der **ORANGE** fein abreiben.

PAPRIKA, **HONIG** und **ORANGENSCHALE** mit 1 TL Salz in den MT geben und 10 Sek./Stufe 8 pürieren.

Die Paprikacreme mit **PETERSILIE** bestreuen und servieren.

In heiß ausgespülte Gläser gefüllt, hält sich die Paprikacreme im Kühlschrank bis zu 2 Wochen.

AUFSTRICHE I DIPS

2 *Gläser à 150 ml* | **10 MIN** *Zubereitung* | *Salz* | *Olivenöl*

TOMATIGE TOSKANACREME

250 g *Cashewkerne*
1 *Schalotte*
50 g *getrocknete Tomaten*
100 g *Tomatenmark*
1 Zweig *Rosmarin*

CASHEWKERNE in einer Pfanne goldbraun rösten, beiseitestellen.

SCHALOTTE vierteln, mit den **TOMATEN** in den MT geben und 8 Sek./Stufe 5 zerkleinern.

Etwas Olivenöl, **TOMATENMARK** und **ROSMARIN** hinzufügen, 4 Min./Varoma/Linkslauf/Stufe 1 anschwitzen.

ROSMARIN entfernen. ½ TL Salz, **CASHEWKERNE** und 70 ml Wasser hinzugeben, 30 Sek./Stufe 10 glatt pürieren.

In heiß ausgespülte Gläser gefüllt, hält sich die Toskanacreme im Kühlschrank bis zu 4 Wochen.

AUFSTRICHE | DIPS

1

2

ZWIEBELMARMELADE MIT GOJI-BEEREN

450 g *Zwiebeln*

200 g *heller Balsamicoessig*

120 g *brauner Zucker*

2 EL *Gelierzucker*

20 g *Goji-Beeren*

2 Zweige *Zitronenthymian*

3

ZWIEBELN vierteln, in den MT geben, 8 Sek./Stufe 5 zerkleinern. 3 EL Sonnenblumenöl hinzufügen, 8 Min./Varoma/Linkslauf/Stufe 1 andünsten.

ESSIG, **ZUCKER**, **GELIERZUCKER**, 2 TL Salz, **GO- JI-BEEREN** und die Blättchen vom **ZITRONEN- THYMIAN** hinzugeben und 45 Min./90 °C/Linkslauf/Stufe 1 erhitzen.

4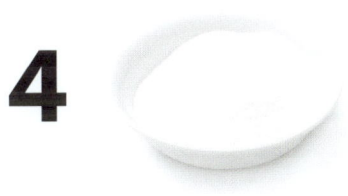

Auskühlen lassen, mit Salz und Pfeffer abschmecken und in Gläser füllen.

In heiß ausgespülte Gläser gefüllt, hält sich die Zwiebelmarmelade im Kühlschrank bis zu 4 Wochen.

5

6

1

2

KIWI-APFEL- MARMELADE

500 g *Äpfel*
1 *Zitrone*
200 g *Apfelsaft*
350 g *Gelierzucker (2 : 1)*
2 *Kiwis*
3 Stängel *Minze*

3

ÄPFEL in kleine Stücke schneiden, **ZITRONE** auspressen. **APFELSTÜCKE**, **ZITRONEN-** und **APFELSAFT** in den MT geben und 7 Min./100 °C/Linkslauf/Stufe 1 erhitzen.

GELIERZUCKER hinzufügen, weitere 5 Min./ 100 °C/Linkslauf/Stufe 1 erhitzen, dann die Marmelade 30 Min. abkühlen lassen.

KIWIS schälen, Stielansatz entfernen und das Fruchtfleisch fein würfeln. **MINZE** waschen und die Blättchen in feine Streifen schneiden.

KIWIS und **MINZE** vorsichtig unter die Apfelmarmelade heben. Etwa 3 Stunden gelieren lassen.

In heiß ausgespülte Gläser gefüllt, hält sich die Marmelade im Kühlschrank bis zu 4 Wochen.

4

AUFSTRICHE I DIPS

5

6

1

2

KNOBLAUCH-CREME

250 g *Knoblauchzehen*
350 g *Rapsöl*
200 g *weiße Riesenbohnen (Dose)*
etwas *geräuchertes Fleur de Sel*
2 Zweige *Zitronenthymian*

3

KNOBLAUCHZEHEN schälen, in den MT geben und **RAPSÖL** hinzufügen, 45 Min./80 °C/Linkslauf/Rührstufe erhitzen.

Öl abseihen und auffangen. **KNOBLAUCHZEHEN** wieder in den MT geben, die **RIESENBOHNEN** und 4 EL · von dem **KNOBLAUCHÖL** hinzufügen, 10 Sek./Stufe 6 pürieren.

4

Mit geräuchertem **FLEUR DE SEL** und Pfeffer abschmecken.

In heiß ausgespülte Schraubgläser füllen, die Blättchen vom **ZITRONENTHYMIAN** obenauf legen und alles mit **KNOBLAUCHÖL** luftdicht bedecken. Die Creme hält sich im Kühlschrank etwa 4 Wochen.

5

AUFSTRICHE I DIPS

1

2 *Gläser à* 200 ml | **2 MIN** *Zubereitung* **5 STD** *Einweichen & Ziehen* | *Salz Pfeffer*

FRISCHKÄSE AUS CASHEWKERNEN

2

400 g *Cashewkerne*
6 EL *Hefeflocken*
1 *Knoblauchzehe*
5 EL *Joghurt*
2 EL *Zitronensaft*
4 Stängel *Petersilie, zerzupft*

3

CASHEWKERNE 4 Std. einweichen, Wasser abgießen, **CASHEWKERNE** in den MT geben. Restliche Zutaten mit 1 TL Salz zufügen, 25 Sek. fein pürieren, dabei die Drehzahl manuell auf Maximum steigern.

Masse mind. 1 Std. ziehen lassen.

Mit Salz und Pfeffer abschmecken.

AUFSTRICHE I DIPS

4

5

6

209

1

KÜRBISKERN-BUTTER

2

60 g *Kürbiskerne*
250 g *weiche Butter*
3 EL *Kürbiskernöl*

3

KÜRBISKERNE ohne Fett in einer Pfanne anrösten, dann zum Auskühlen beiseitestellen.

KÜRBISKERNE in den MT geben, 3 Sek./Stufe 5 zerkleinern. **BUTTER**, **KÜRBISKERNÖL** und 1 TL Salz dazugeben, 30 Sek./Linkslauf/Stufe 2 vermengen.

In heiß ausgespülte Gläser gefüllt, hält sich die Kürbiskern-Butter im Kühlschrank bis zu 4 Wochen.

AUFSTRICHE I DIPS

1

2

BABA GANOUSH (AUBERGINENCREME)

2 *Auberginen*

3 *Knoblauchzehen*

10 *getrocknete Tomaten*

2 EL *Tahin (Sesampaste)*

1 kl. Bund *Petersilie, zerzupft*

3 EL *Olivenöl*

3

250 g Wasser in den MT geben, **AUBERGINEN** längs vierteln und mit den geschälten **KNOB-LAUCHZEHEN** und den **TOMATEN** in den Dämpf-aufsatz legen, 20 Min./Varoma/Rührstufe dämpfen. MT leeren.

Das **AUBERGINENFLEISCH** mit einem Löffel vor-sichtig aus der Schale lösen und in den MT geben. Zwei der **TOMATEN** beiseitelegen, die restlichen zu den Auberginen geben. **KNOBLAUCHZEHEN** und **TAHIN** hinzufügen, 10 Sek./Stufe 5 pürieren, dann mit Salz und Pfeffer abschmecken.

Zum Servieren mit den klein gehackten **TOMATENSTÜCKCHEN**, **PETERSILIE** und **OLI-VENÖL** verfeinern.

4

5

6

1

2

3

4

5

BIRNEN-CURRY-FRISCHKÄSE-DIP

1 EL *Pinienkerne*
1 *Birne*
250 g *Frischkäse*
1 EL *Zitronensaft*
1 TL *Currypulver*

PINIENKERNE in einer Pfanne ohne Fett leicht anrösten, beiseitestellen.

BIRNE längs halbieren, beide Hälften entkernen. Eine Hälfte mit Schale in kleine Würfel schneiden, beiseitestellen.

200 g Wasser in den MT gießen. Die andere Hälfte der **BIRNE** schälen, in grobe Stücke schneiden und ins Garkörbchen geben, 10 Min./Varoma/Linkslauf/Rührstufe dämpfen. MT leeren, Birne etwas auskühlen lassen.

FRISCHKÄSE, **ZITRONENSAFT**, **CURRY** und gedämpfte **BIRNENSTÜCKE** in den MT geben, 10 Sek./Linkslauf/Stufe 7 vermischen. Mit Salz und Pfeffer abschmecken.

Die **BIRNENWÜRFEL** unter die Frischkäsemischung heben und mit gerösteten **PINIEN-KERNEN** bestreuen.

AUFSTRICHE I DIPS

1

2

3

4

5

6

CURRYWURST-SOSSE

½ *reife Mango*

2 EL *Currypulver (z. B. Madras)*

125 g *3-fach-konzentriertes Tomatenmark*

1 *Dose Tomaten (400 g, stückig)*

250 g *Cola*

1 EL *Balsamicoessig*

MANGO schälen, vom Kern schneiden, würfeln. Etwas Öl in den MT geben, **CURRYPULVER** und **TOMATENMARK** hinzufügen, 1 ½ Min./Varoma/ Linkslauf/Stufe 1,5 anrösten.

MANGO, **TOMATEN**, **COLA**, **BALSAMICOESSIG** und 2 TL Salz hinzufügen, 6 Min./100 °C/ Linkslauf/ Stufe 1 köcheln, dann 10 Sek./Stufe 8 pürieren. Weitere 5 Min./100 °C/ Stufe 1 einkochen.

Mit Salz, Pfeffer und, falls nötig, noch mit etwas **CURRYPULVER** abschmecken. Die Soße in sterile Flaschen oder Einmachgläser füllen. Sie ist gekühlt etwa 2 Wochen haltbar.

SOSSEN I MARINADEN DRESSINGS

1

2

3

4

5

6

SAUCE HOLLANDAISE

110 g *Butter*
1 EL *Zitronensaft*
80 g *Sahne*
½ TL *Zucker*
4 *Eier (Eigelb)*
1 TL *Mehl (nach Bedarf)*

BUTTER, **ZITRONENSAFT**, **SAHNE**, **ZUCKER** und ½ TL Salz in den MT geben, Rühreinsatz einsetzen, 2 Min./80 °C/Stufe 2 erhitzen.

Die **EIGELBE** nacheinander durch die Deckelöffnung hinzugeben, weitere 8 Min./80 °C/Stufe 2 erhitzen.

Falls die Soße zu dünn ist, 1 TL **MEHL** zum Andicken einrieseln lassen und weitere 3 Min./80 °C/Stufe 2 erwärmen.

SOSSEN | MARINADEN DRESSINGS

1

2

3

4

5

6

1 Flasche à 250 ml	**10 MIN** Zubereitung	Salz

SWEET-CHILI-SAUCE

5 g Ingwer
4 Knoblauchzehen
2 Chilischoten
100 ml Reisessig
180 g Zucker
1 EL Speisestärke

INGWER und **KNOBLAUCH** schälen. Beides zusammen mit den **CHILISCHOTEN** in den MT geben und 10 Sek./Stufe 5 zerhacken.

REISESSIG, **ZUCKER** und 1 TL Salz zufügen, 4 Min./100 °C/Rührstufe erhitzen.

STÄRKE mit 2 EL Wasser anrühren und in den MT geben, noch 1 Min./Varoma/Rührstufe erhitzen. In eine sterile Flasche abfüllen.

1

2

3

4

5

HERBSTLICHES KÄSEDRESSING

30 g *Parmesan*
60 g *Gorgonzola*
2 EL *Honig*
50 ml *Walnuss-Essig*
1 EL *Weinbrand*

PARMESAN in den MT geben, 5 Sek./Stufe 8 zerkleinern. 1 EL Parmesan aus dem MT nehmen und beiseitestellen.

GORGONZOLA grob zerbröseln und zum Parmesan in den MT geben, mit **HONIG**, **WALNUSS-ESSIG**, **WEINBRAND** und 100 ml Öl 6 Sek./Stufe 8 vermixen.

Mit Salz und Pfeffer abschmecken. Das Dressing vor dem Servieren mit dem restlichen **PARMESAN** bestreuen.

SOSSEN | MARINADEN DRESSINGS

1

2

3

4

5

6

1 *Glas à 300 ml* | **5 MIN** *Zubereitung* **30 MIN** *Ziehen* | *Salz* *Pfeffer* | *Öl*

FRUCHTIGE PINK SALSA

½ *rote Zwiebel*

1 *Knoblauchzehe*

1 *rote Chilischote*

2–3 *Nektarinen (ca. 350 g)*

1 *Bund Koriandergrün*

1 *Limette*

Die **ZWIEBEL** grob hacken, mit **KNOBLAUCH** und **CHILISCHOTE** in den MT geben und 10 Sek./ Stufe 5 zerkleinern.

NEKTARINEN in kleine Stücke schneiden, 2 EL beiseitestellen, den Rest in den MT geben, mit etwas Öl 2 Min./Varoma/Linkslauf/Stufe 1 anschwitzen.

KORIANDERGRÜN grob hacken, die **LIMETTE** auspressen. **KORIANDER**, **LIMETTENSAFT**, 4 EL Wasser und ½ TL Salz zufügen, alles 5 Sek./Stufe 5 pürieren.

Salsa in ein Schälchen oder ein Glas geben, die zurückbehaltenen **NEKTARINENSTÜCKCHEN** untermischen. Mit Salz, Pfeffer und, je nach Reifegrad der Nekatrinen, mit etwas Zucker abschmecken. Mindestens 30 Min. ziehen lassen. Die Salsa hält sich im Kühlschrank 2 Tage.

SOSSEN | MARINADEN DRESSINGS

1

GRILL-MARINADE

2

4 *Knoblauchzehen*
6 EL *Tomatenmark*
10 EL *Sonnenblumenöl*
2 EL *Balsamicoessig*
2 TL *Piment d´Espelette*
2 EL *getrocknete Kräuter*

3

Die **KNOBLAUCHZEHEN** schälen, in den MT geben und 4 Sek./Stufe 8 zerkleinern, wenn nötig, einmal mit dem Spatel nachschieben.

TOMATENMARK und etwas Öl hinzugeben, 2 Min./Varoma/Linkslauf/Stufe 1 anschwitzen. Mit **BALSAMICOESSIG** ablöschen.

4

Rühreinsatz einsetzen. **PIMENT D'ESPELETTE**, restliches **ÖL, KRÄUTER,** Salz und Pfeffer hinzufügen und alles 30 Sek./Linkslauf/Stufe 4 vermischen.

Grillfleisch großzügig mit der Marinade einpinseln und etwa 3 Std. ziehen lassen.

5

SOSSEN | MARINADEN DRESSINGS

6

1

2

GRÜNE SOSSE MIT KARTOFFELN & EI

1 Bund *Kräutermix für „Grüne Soße"*
(Zusammensetzung variiert)
500 g *saure Sahne*
200 g *Joghurt*
1000 g *festkochende Kartoffeln*
8 *Eier*

3

Die **KRÄUTER** waschen, verlesen und die Blätter von den Stängeln zupfen.

SAURE SAHNE, **JOGHURT**, 4 EL Öl, 1 TL Salz, etwas Pfeffer und die **KRÄUTER** in den MT geben, 10 Sek./Stufe 10 vermixen.

Soße mit Salz und Pfeffer abschmecken und 30 Min. kalt stellen. MT säubern.

4

In der Zwischenzeit die **KARTOFFELN** schälen. 500 g Wasser in den MT gießen. Kartoffeln in den Dämpfaufsatz geben, 10 Min./Varoma/Rührstufe dämpfen. Die **EIER** auf die 2. Ebene des Dämpfaufsatzes geben und weitere 15 Min./Varoma/Rührstufe garen.

Die Grüne Soße auf Teller verteilen, mit den gepellten Eiern und Kartoffeln servieren.

5

SOSSEN | MARINADEN DRESSINGS

229

1

2

3

4

5

6

SYLTER DRESSING

1 *Schalotte*
200 g *Sahne*
4 *Stängel Dill*
2 EL *Schmand*
1 EL *Zucker*
4 EL *Obstessig*

SCHALOTTE schälen und vierteln, mit der **SAHNE** in den MT geben, 10 Sek./Stufe 8 vermixen.

DILL fein hacken und mit dem **SCHMAND**, **ZUCKER** und **ESSIG** in den MT geben, 10 Sek./Linkslauf/Stufe 4 vermengen. Mit Pfeffer und Salz abschmecken.

Das Dressing etwa 30 Min. ziehen lassen. Es passt gleichermaßen zu Fisch und Salat.

1

2

KOKOSMILCHREIS MIT PFIRSICH

400 g *Milch*
200 g *Kokosmilch*
150 g *Milchreis*
4 EL *Puderzucker*
3 halbe *Pfirsiche (Dose) mit etwas Saft*
1 Stängel *Minze*

3

MILCH, KOKOSMILCH, MILCHREIS und 3 EL **PUDERZUCKER** mit 1 Prise Salz in den MT geben, 37 Min./90 °C/Linkslauf/Stufe 1 erhitzen. Milchreis herausnehmen und abkühlen lassen. MT reinigen.

4

1 **PFIRSICHHÄLFTE** in kleine Würfel schneiden und beiseitestellen. 2 **PFIRSICHHÄLFTEN** und ein wenig Saft in den MT geben, 12 Sek./ Stufe 6 pürieren und auf Teller verteilen.

5

Mit 2 angefeuchteten Esslöffeln den lauwarmen **MILCHREIS** zu Nocken formen und auf den Pfirsichspiegel setzen. Mit **MINZE** und **PFIRSICHWÜRFELN** garnieren und mit **PUDERZUCKER** bestäuben.

6

SÜSSE HAUPTGERICHTE
DESSERTS

1

2

KERNIGE MÜSLIRIEGEL

200 g *Mandeln*
1 *Ei (Eiweiß)*
130 g *Butter*
200 g *Haferflocken*
40 g *Amaranth-Pops*
120 g *flüssiger Honig*

3

MANDELN in den MT geben, 3 Sek./Stufe 5 zerkleinern, anschließend in einer Pfanne ohne Fett leicht anrösten. Ofen auf 160 °C Ober-/Unterhitze vorheizen.

EIWEISS mit 1 Prise Salz im MT mit Rühraufsatz 2 Min./Stufe 4 zu Schnee schlagen. MT leeren, Eischnee beiseitestellen.

BUTTER in den MT geben, 15 Min./Varoma/ Stufe 1 erhitzen.

4

Den Rühraufsatz wieder einsetzen. **HAFERFLOCKEN**, geröstete **MANDELN**, **AMARANTH-POPS**, **HONIG** und **EISCHNEE** hinzufügen und 1 Min./Stufe 3 vermischen.

5

Eine viereckige Backform mit Backpapier auslegen und die Masse 3–4 cm hoch hineinstreichen, etwas andrücken und im vorgeheizten Backofen 20 Min. backen. Nach dem Erkalten mit einem scharfen Messer in Riegel schneiden.

6

1

2

3

4

4 *Personen* | **25 MIN** *Zubereitung*
| **4 STD** *Gefrieren*

SCHOKOLADIGES ROTE-BETE-EIS

100 g *dunkle Schokolade*
200 g *Rote Bete (gegart)*
200 g *Milch*
150 g *Sahne*
4 *Eier (Eigelb)*
8 EL *Ahornsirup*

SCHOKOLADE mit dem Messer fein hacken, beiseitestellen. **ROTE BETE** grob zerteilen, mit 80 g **MILCH** in den MT geben und 10 Sek./Stufe 10 pürieren. MT leeren.

120 g **MILCH** und die **SAHNE** in den MT gießen und 5 Min./80 °C/Linkslauf/Stufe 1 erhitzen. Dann den MT leeren.

EIER trennen. **EIGELB** und **AHORNSIRUP** in den MT geben, Rühraufsatz einsetzen und 2 Min./90 °C/Stufe 3,5 schaumig schlagen. Dann bei 90 °C/Stufe 1 langsam die **MILCH-SAHNE-MISCHUNG** dazugießen. Sobald die Masse etwas eindickt, 75 g **SCHOKOLADE** hinzugeben und weitere 3 Min./90 °C/ Stufe 1 rühren. Anschließend löffelweise das **ROTE-BETE-PÜREE** zufügen, nochmals 5 Min./Stufe 2 rühren.

Die Masse in eine Form geben und im Eisfach mindestens 4 Std. einfrieren oder in der Eismaschine gefrieren lassen. Zum Servieren mit der restlichen **SCHOKOLADE** bestreuen.

5

6

SÜSSE HAUPTGERICHTE
DESSERTS

1

QUARKMOUSSE MIT GELIERTEN TRAUBEN

20 g *Puddingpulver (Vanille)*
500 ml *Apfelsaft*
200 g *helle Trauben*
150 g *weiße Schokolade*
200 g *Sahne*
400 g *Quark*

Das **PUDDINGPULVER** in 5 EL **APFELSAFT** anrühren.

Den restlichen **APFELSAFT** mit den **TRAUBEN** 5 Min./100 °C/Linkslauf/Rührstufe erhitzen. Angerührtes **PUDDINGPULVER** zugeben, sorgfältig verrühren, kurz aufkochen lassen und dann kalt stellen. MT reinigen.

Die **WEISSE SCHOKOLADE** 6 Sek./Stufe 8 zerkleinern. Sahne hinzufügen, 3 Min./80 °C/Linkslauf/Stufe 2 erhitzen. **QUARK** dazugeben und 30 Sek./Linkslauf/Stufe 4 unterrühren. Anschließend die Mousse kalt stellen.

Von der abgekühlten Quarkmousse mit zwei Esslöffeln Nocken formen und mit den gelierten **TRAUBEN** anrichten.

2

3

4

5

6

1

2

MAIS-BANANEN-CAKE

200 g *Zucker*
4 *reife Bananen*
225 g *Maismehl*
100 g *Butter*
2 *Eier*
2 TL *Backpulver*

Backofen auf 160 °C Ober-/Unterhitze vorheizen. Eine Springform (18 cm Ø) ausfetten.

ZUCKER 6 Sek./Stufe 10 zu Puderzucker zermahlen, MT leeren.

BANANEN in Stücke brechen, mit 150 g **PUDERZUCKER** und allen anderen Zutaten in den MT geben, 5 Min/Teigrührstufe verkneten.

Teig in die Springform geben und 75 Min. backen. Herausnehmen, aus der Form lösen und auf einem Gitter abkühlen lassen. Mit dem restlichen **PUDER-ZUCKER** bestreuen.

3

SÜSSE HAUPTGERICHTE
DESSERTS

4

5

6

1

FROZEN YOGHURT MIT COOKIE-BODEN

2

120 g *Haferkekse*

170 g *weiße Schokolade*

250 g *gemischte Beeren*

70 g *Puderzucker*

140 g *Natur-Joghurt*

3

KEKSE in den MT geben, 5 Sek./Stufe 6 zerkleinern, umfüllen, MT reinigen.

SCHOKOLADE in Stücke brechen, 6 Sek./Stufe 8 zerkleinern, dann 3 Min./bei 50 °C/Stufe 1 weich werden lassen. **KEKSBRÖSEL** hinzufügen und 10 Sek./Linkslauf/Stufe 3 unterheben. Masse auf die Muffin-Förmchen verteilen, etwas andrücken und kalt stellen. MT reinigen.

4

225 g **BEEREN** mit dem **PUDERZUCKER** in den MT geben, 5 Sek./Stufe 8 pürieren. Den **JOGHURT** hinzufügen und alles 20 Sek./Linkslauf/Stufe 3 vermischen.

5

Die Masse auf die Muffin-Förmchen verteilen und 2 Std. in den Gefrierschrank stellen. Vor dem Servieren mit den restlichen **BEEREN** garnieren.

1

2

3

4

5

GEDÄMPFTE BIRNEN MIT SALZ-KARAMELL

250 g *Zucker*
200 g *Sahne*
170 g *Butter*
4 *Birnen*
etwas *Fleur de Sel zum Bestreuen*

Für den Salzkaramell den **ZUCKER** in einem Topf oder einer Pfanne bei niedriger Hitze karamellisieren, bis der Zucker vollständig geschmolzen und goldbraun ist.

SAHNE und 150 g **BUTTER** in den MT geben, Linkslauf/Rührstufe 1 auf 60 °C erhitzen. Den **KARAMELL** in einem dünnen Strahl hineinfließen lassen, mindestens 5 Min./60 °C/Linkslauf/Stufe 1 weiterrühren, bis die Soße leicht eindickt. Kalt stellen und MT reinigen.

In der Zwischenzeit die **BIRNEN** schälen, halbieren und in den Dämpfaufsatz legen. 200 g Wasser in den MT geben, Birnen 10 Min./Varoma/Rührstufe dämpfen.

20 g **BUTTER** in einem Topf schmelzen lassen. Zum Servieren die **BIRNEN** mit der **BUTTER** glasieren, mit **KARAMELLSOSSE** übergießen und mit etwas **FLEUR DE SEL** bestreuen.

SÜSSE HAUPTGERICHTE
DESSERTS

1

4 *Personen als Dessert* | **30 MIN** *Zubereitung*

SÄCHSISCHE QUARK-KEULCHEN

300 g *mehligkochende Kartoffeln*
2 *Eier*
150 g *Magerquark*
60 g *Maismehl*
100 g *Puderzucker*
etwas *Butterschmalz zum Braten*

2

KARTOFFELN schälen, grob zerteilen und ins Garkörbchen geben, 20 Min./Varoma/Rührstufe dämpfen, dann auskühlen lassen.

EIER trennen. **EIWEISS** im MT mit Rühraufsatz 2 Min./Stufe 4 steif schlagen. MT leeren.

3

Die ausgekühlten **KARTOFFELN** im MT 10 Sek./Stufe 5 zerkleinern. Dann den Rühraufsatz einsetzen, **EIGELB**, **QUARK**, **MAISMEHL** und 80 g **PUDERZUCKER** 20 Sek./Stufe 4 hinzufügen und vermengen. Zum Schluss 10 Sek./Stufe 2 den **EISCHNEE** unterziehen.

4

BUTTERSCHMALZ in der Pfanne erhitzen und aus dem Teig portionsweise kleine Pfannkuchen ausbacken. Zum Servieren mit **PUDERZUCKER** bestäuben.

5

6

1

4 *Personen* als *Dessert* | **10 MIN** *Zubereitung*
1 STD 20 MIN *Backen*

2

PANKO-PIE MIT MANGO

3

100 g *brauner Zucker*
1 *Mango*
2 EL *Orangenlikör*
4 *Eier*
600 g *Milch*
100 g *Panko*

4

Backofen auf 160 °C Ober-/Unterhitze vorheizen. **ZUCKER** 3 Sek./Stufe 10 zu Puderzucker zermahlen und beiseitestellen.

MANGO schälen, Fruchtfleisch vom Kern lösen, mit **ORANGENLIKÖR** im MT 5 Sek./Stufe 7 pürieren und beiseitestellen. MT leeren und säubern.

3 **EIER** trennen, **EIGELB** und das verbliebene ganze Ei in den MT geben. **MILCH**, **PANKO** und 75 g **PUDERZUCKER** hinzufügen, 1 Min./Linkslauf/Stufe 2 vermengen.

5

Das **MANGOPÜREE** in eine feuerfeste Form geben. Die **MILCHMISCHUNG** darübergießen und 1 Std. im vorgeheizten Ofen backen.

Kurz vor Ablauf der Backzeit **EIWEISS** im MT mit Rühraufsatz 2 Min./Stufe 4 schlagen. 2 EL vom verbliebenen **PUDERZUCKER** untermischen, den **EISCHAUM** auf die inzwischen feste Creme geben und weitere 15–20 Min. im Ofen backen.

6

Herausnehmen, mit restlichem **PUDERZUCKER** bestreuen und warm servieren.

249

1

2

ZIMTPARFAIT MIT GE-BRANNTEN MANDELN

60 g *gebrannte Mandeln*

2 *Eier*

80 g *Zucker*

200 g *Sahne*

1 TL *Zimt*

1 Msp. *gemahlene Vanille*

3

Die **MANDELN** 2 Sek./Stufe 4 zerkleinern. MT leeren und **MANDELN** beiseitestellen.

EIER trennen. **EIWEISS** mit 1 Prise Salz und 1 TL **ZUCKER** im MT mit Rühreinsatz 2 Min./Stufe 4 schlagen. MT leeren. **EIGELB** mit dem restlichen **ZUCKER** 2 Min./Stufe 4 schaumig schlagen. MT leeren.

4

SAHNE mit **ZIMT** und **VANILLE** 2 Min./Stufe 4 halb steif schlagen. Eischnee, Eigelbmasse und **MANDELN** (ein paar zurückbehalten) zufügen, 1 Min./ Linkslauf/Stufe 1 vermengen.

Die Masse in eine Form füllen. Mit den restlichen **MANDELN** garnieren und 2 Std. im Gefrierschrank fest werden lassen.

5

6

1

BRATÄPFEL MIT CRAN-BERRY-MARZIPAN-FÜLLUNG

2

4 *Äpfel*

90 g *Butter*

50 g *gestiftelte Mandeln*

70 g *Cranberries*

200 g *Marzipanrohmasse*

1 TL *Zimt*

3

Backofen auf 200 °C Ober-/Unterhitze vorheizen. Eine Auflaufform ausfetten.

ÄPFEL quer halbieren, das Kerngehäuse großzügig entfernen und die Apfelhälften beiseitestellen.

4

50 g **BUTTER** und die restlichen Zutaten in den MT geben, 6 Sek./Stufe 5 zerkleinern, danach 3 Min./75 °C/Stufe 1,5 erhitzen.

APFELHÄLFTEN mit der **MASSE** füllen und wieder zusammensetzen, in eine Auflaufform geben und zunächst 10 Min. im Ofen backen.

5

In der Zwischenzeit die restliche **BUTTER** in einem Topf zerlassen. Die **ÄPFEL** mit der **BUTTER** beträufeln und weitere 10–15 Min. bei 180 °C backen. Aus dem Ofen nehmen und warm servieren.

6

1

BEEREN-TÖPFCHEN

2

60 g *Zucker*
2 Päckchen *Vanillezucker*
400 g *Waldbeerenmischung (TK)*
2 *Eier (Eiweiß)*
10 *Oreo®-Kekse*
4 Stängel *Minze*

3

ZUCKER und **VANILLEZUCKER** in den MT geben,
10 Sek./Stufe 8 zu Puderzucker zermahlen.

Gefrorene **WALDBEEREN** hinzugeben und 30 Sek./
Stufe 7 zerkleinern. **EIWEISS** in den MT zu den Bee-
ren geben, 5 Sek./Linkslauf/Stufe 5 vermischen.
Rühreinsatz einsetzen und die Masse 2 ½ Min./Stu-
fe 4 cremig aufschlagen.

4

In der Zwischenzeit die Creme aus den **OREO®-KEK-
SEN** entfernen und die Kekse mit einem Nudelholz
zerbröseln.

WALDBEERENCREME in Schälchen füllen, mit
OREO®-BRÖSELN bestreuen und jeweils mit ei-
nem kleinen Stängel **MINZE** garnieren.

5

SÜSSE HAUPTGERICHTE DESSERTS

6

1

2

3

4

5

6

YUFKA-GRIESS-AUFLAUF

2 EL *Mandelblättchen*

80 g *Zucker*

1000 g *Milch*

175 g *Weichweizengrieß*

2 *Eier (Eigelb)*

2–3 *Yufka-Blätter*

Den Backofen auf 170 °C Ober-/Unterhitze vorheizen. Eine Auflaufform ausfetten. **MANDELBLÄTT-CHEN** in einer Pfanne ohne Fett anrösten, dann beiseitestellen.

ZUCKER in den MT geben, 6 Sek./Stufe 10 zu Puderzucker zermahlen. MT leeren und den Puderzucker beiseitestellen.

Die **MILCH** im MT 8 Min./100 °C/Stufe 2 zum Kochen bringen. **GRIESS**, 4 EL **PUDERZUCKER**, **EIGELB** und 1 Prise Salz zufügen, 2 Min./100 °C/ Linkslauf/Stufe 2 vermengen und einige Minuten ziehen lassen.

Die Auflaufform mit den **YUFKA-BLÄTTERN** auslegen und die Grießmasse hineingeben. Im vorgeheizten Ofen 20 Min. backen.

Zum Servieren mit den gerösteten **MANDELN** und dem restlichem **PUDERZUCKER** bestreuen.

MANDEL-DATTEL-PRALINEN

100 g *Mandeln*
200 g *Datteln, entsteint*
8 EL *Kokosraspel*
1 EL *Mandelmus*
2 EL *Kakaopulver*
1 EL *Kokosöl*

MANDELN in den MT geben, 5 Sek./Stufe 8 zerkleinern. **DATTELN**, 2 EL **KOKOSRASPEL**, **MANDELMUS**, **KAKAO** und **KOKOSÖL** zufügen und alles 10 Sek./Stufe 8 vermischen.

Aus der Masse etwa 25 Kugeln formen und durch die verbliebenen **KOKOSRASPEL** rollen. Die Pralinen etwa 1 Std. kühl stellen und im Kühlschrank aufbewahren, da sie sonst zu weich werden.

SÜSSE HAUPTGERICHTE
DESSERTS

1

KNUSPRIGER APRIKOSEN-CRUMBLE

2

500 g *Aprikosen*

155 g *weiche Butter*

180 g *Zucker*

2 EL *Orangenlikör*

200 g *Weizenmehl*

50 g *Haferflocken*

3

Backofen auf 200 °C Ober-/Unterhitze vorheizen. Die **APRIKOSEN** halbieren und entsteinen.

30 g **BUTTER** in einer Pfanne bräunen, 30 g **ZUCKER** darin schmelzen lassen. **APRIKOSEN** hinzugeben und 30 Sek. vorsichtig schwenken. **ORANGENLIKÖR** angießen und 30 Sek. köcheln lassen.

4

50 g **ZUCKER** in den MT geben, 6 Sek./Stufe 10 zu Puderzucker zermahlen und dann beiseitestellen. MT reinigen.

125 g **BUTTER** im MT 1½ Min./80 °C/Stufe 1 zerlassen. Mit 100 g **ZUCKER**, 1 Prise Salz, **MEHL** und **HAFERFLOCKEN** 4 Min./Teigrührstufe zu Streuseln kneten. Streusel auf ein mit Backpapier belegtes Blech geben und 30 Min. goldbraun backen.

5

Die **APRIKOSEN** mit den Streuseln in Gläser schichten und vor dem Servieren mit **PUDERZUCKER** bestäuben.

6

1

2

3

4

5

EISIGER LIMETTEN-PIE MIT AVOCADO

400 g *Cashewkerne*
180 g *Zucker*
100 g + 2 EL *Kokosöl*

3 *große Avocados*
5 *Bio-Limetten*

200 g **CASHEWKERNE** mindestens 8 Std. in Wasser einweichen.

30 g **ZUCKER** in den MT geben, 6 Sek./Stufe 10 zu Puderzucker zermahlen und beiseitestellen.

Die nicht eingeweichten 200 g **CASHEWKERNE** in den MT geben, 5 Sek./Stufe 5 zerkleinern. 1 Prise Salz, den **PUDERZUCKER** und 2 EL **KOKOSÖL** hinzugeben und 1 Min./Teigrührstufe vermengen.

Die Masse in eine kleine Springform (16 cm Ø) füllen, gut andrücken und kalt stellen.

Die eingeweichten **CASHEWKERNE** abspülen. **AVOCADOS** halbieren und Fruchtfleisch auslösen. Von 2 **LIMETTEN** die Schale abreiben, alle Limetten auspressen.

CASHEWKERNE, AVOCADOS, LIMETTENSAFT und **-SCHALE**, 150 g **ZUCKER** und 100 g **KOKOSÖL** in den MT geben, 20 Sek./Stufe 8 vermengen.

Masse in die Springform füllen und etwa 2 Std. ins Gefrierfach geben. Alternativ vollständig einfrieren und den Limetten-Pie vor dem Servieren ½ Std. antauen lassen.

SÜSSE HAUPTGERICHTE
DESSERTS

1

2

3

SCHOKOPUDDING MIT WÖLKCHEN & NÜSSEN

3 *Eier*

500 ml *Milch*

35 g *Speisestärke*

2 EL *Puderzucker*

3 EL *Kakaopulver*

30 g *Haselnusskerne*

4

EIER trennen. Rühreinsatz einsetzen und das **EI-WEISS** mit 1 Prise Salz 2 Min./Stufe 4 steif schlagen. Eischnee beiseitestellen und MT reinigen.

2 EL von der **MILCH** abnehmen, in einer kleinen Schüssel sorgfältig mit der **SPEISESTÄRKE** und dem **EIGELB** verrühren.

Restliche **MILCH** in den MT geben, **PUDERZU-CKER** und **KAKAO** hinzufügen und 8 Min./ 100 °C erhitzen, bis die Milch kocht.

5

Angerührte **STÄRKE** dazugeben, nochmals 1 Min./100 °C erhitzen.

Puddingmasse in eine Servierschüssel geben und vorsichtig den **EISCHNEE** unterziehen. Pudding kühl stellen und MT reinigen.

6

Für das Nusstopping **HASELNUSSKERNE** im MT 5 Sek./Stufe 5 zerkleinern und in einer Pfanne ohne Fett anrösten. Zum Servieren über den abgekühlten Pudding streuen.

1

ERDNUSS-FUDGE

2

100 g *Erdnüsse (gesalzen)*

120 g *Butter*

450 g *brauner Zucker*

120 g *Milch*

220 g *Erdnussbutter*

300 g *Puderzucker*

3

Eine Form (25 x 25 cm) mit Klarsichtfolie auslegen, beiseitestellen. Die **ERDNÜSSE** im MT 5 Sek./Stufe 5 zerkleinern, MT leeren.

BUTTER im MT 4 Min./100 °C zerlassen. **ZUCKER** und **MILCH** hinzufügen, 8 Min./100 °C/Rührstufe erhitzen und kurz aufkochen lassen. **ERDNUSS-BUTTER** dazugeben, 1 Min./Stufe 2 unterrühren.

4

Die Erdnussmasse in eine Schüssel geben, **PUDER-ZUCKER** hinzufügen und rühren, bis der Puderzucker sich aufgelöst hat.

Die Masse in die Form geben, glatt streichen und mit den **ERDNUSSBRÖSELN** bestreuen. Im Gefrierschrank fest werden lassen, dann in kleine Quadrate schneiden. Kühl aufbewahren.

5

6

1

2

3

GEBRÄUNTE SCHUPF-NUDELN MIT SÜSSEN BIRNEN

500 g *Kartoffeln*

4 *Birnen (fest)*

4 EL *Puderzucker*

2 *Eier (Eigelb)*

6 EL *Weizengrieß*

80 g *Butter*

500 g Wasser in den MT geben. **KARTOFFELN** schälen, zerteilen, in den Dämpfaufsatz geben. **BIRNEN** entkernen, in Stücke schneiden, ins Garkörbchen legen. Beides 25 Min./Varoma/Rührstufe dämpfen. MT leeren.

BIRNEN in einer Schüssel mit 2 EL **PUDERZUCKER** vermischen, ziehen lassen. **KARTOFFELN** abkühlen lassen, dann im MT mit **EIGELB**, **GRIESS** und 2 Prisen Salz 3 Min./Teigrührstufe vermischen. Falls der Teig zu feucht ist, noch etwas **GRIESS** zufügen.

2 l Salzwasser zum Sieden bringen. Mit zwei angefeuchteten Esslöffeln kleine Nocken vom Teig abstechen, formen und im Wasser ca. 3 Min. gar ziehen lassen. Die Schupfnudeln kurz in kaltem Wasser abschrecken.

BUTTER in einer Pfanne zerlassen und die Schupfnudeln darin bräunen. Mit **PUDERZUCKER** bestäuben und mit den **BIRNENSTÜCKCHEN** servieren.

4

5

6

RHABARBER-ERD-BEER- SCHWIPS

500 g *Erdbeeren*

150 g *Zucker*

300 g *Erdbeerjoghurt*

400 g *Rhabarber*

500 ml *Sekt*

einige *Minzblättchen*

400 g geputzte **ERDBEEREN** über Nacht einfrieren.

ZUCKER im MT 10 Sek./Stufe 10 zu Puderzucker zermahlen. Gefrorene **ERDBEEREN** 10 Min. antauen lassen, dann mit dem **JOGHURT** und 50 g von dem **PUDERZUCKER** im MT 10 Sek./Stufe 10 pürieren. Erneut 1 Std. ins Gefrierfach stellen.

RHABARBER putzen, klein schneiden. 300 g Rhabarber mit **SEKT** und restlichem **PUDERZUCKER** im MT kurz aufkochen, dann offen 30 Min./80 °C/Linkslauf/Rührstufe ziehen lassen.

Rharbarber durch ein sauberes Geschirrtuch oder Passiertuch passieren und den Sud auffangen. Restlichen **RHABARBER** 5 Min. in dem Sud ziehen lassen.

Die restlichen **ERDBEEREN** vierteln und auf Teller verteilen, **RHABARBERSUD** angießen und mit einer Kugel **ERDBEER-JOGHURT-EIS** sowie einigen Blättchen **MINZE** servieren.

SÜSSE HAUPTGERICHTE
DESSERTS

271

1

SUPERGESUNDER FRISCHKORNBREI

2

200 g *Dinkelkörner*
400 ml *Mandelmilch*
50 g *Hafersahne*
60 g *Ahornsirup*
4 EL *Goji-Beeren*
2 EL *Chiasamen*

3

DINKELKÖRNER 6 Sek./Stufe 10 zerkleinern, in eine Schüssel geben und mit **MANDELMILCH** aufgießen. Über Nacht quellen lassen.

Wenn das Getreide gequollen ist, **HAFERSAHNE**, 2 EL **AHORNSIRUP** und die Hälfte der **GOJI-BEEREN** 20 Sek./Stufe 10 pürieren und darübergeben.

4

Restlichen **AHORNSIRUP**, **GOJI-BEEREN** und **CHIASAMEN** auf dem Brei verteilen und in tiefen Tellern servieren.

5

SÜSSE HAUPTGERICHTE DESSERTS

6

1

2

3

4

5

SIMPLY DELICIOUS SCONES

50 g + 2 TL *Zucker*
200 g *kalte Butter*
400 g *Mehl*
1 Tütchen *Backpulver*
150 g *kalte Buttermilch*

50 g **ZUCKER** in den MT geben, 6 Sek./Stufe 10 zu Puderzucker zermahlen. MT leeren. Backofen auf 220 °C Ober-/Unterhitze vorheizen.

Die kalte **BUTTER** in Stücke schneiden. **MEHL**, **BUTTER**, 2 TL **ZUCKER**, 1 TL Salz und **BACKPUL-VER** in den MT geben, 2 Min./Teigstufe verkneten.

BUTTERMILCH dazugeben, weitere 2 Min./Teig-stufe verkneten.

Teig auf einer bemehlten Arbeitsfläche zu einem Fladen von ca. 30 cm Durchmesser formen und dreimal zur Mitte hin falten. Anschließend 3 cm dick ausrollen und mit einer runden Ausstechform oder z. B. einer kleinen Tasse 10 Kreise ausstechen.

Die Scones mit etwas Abstand zueinander auf ein mit Backpapier ausgelegtes Backblech legen und im Ofen 12–14 Min. goldbraun backen. Zum Servieren mit **PUDERZUCKER** bestäuben.

BACKEN

1

2

3

4

5

6

KNUSPRIGE KÄSEKEKSE

100 g *Gouda*

150 g *Hartweizenmehl*

150 g *Weizenmehl*

120 g *kalte Butter*

¼ TL *Backpulver*

1 *Ei (Eigelb)*

GOUDA in grobe Stücke schneiden und in den MT geben, 6 Sek./Stufe 5 zerkleinern. 75 g im MT belassen, den Rest beiseitestellen.

HARTWEIZENMEHL und **WEIZENMEHL**, **BUTTER**, **BACKPULVER** und ½ TL Salz zufügen, 4 Min./Teigrührstufe verkneten. Den Teig in Folie wickeln und 30 Min. kalt stellen.

Backofen auf 190 °C Ober-/Unterhitze vorheizen.

Den Teig auf einer bemehlten Fläche ausrollen, Kekse ausstechen und mit verquirltem **EIGELB** bestreichen, dann mit dem restlichen **GOUDA** bestreuen. Im vorgeheizten Ofen etwa 14 Min. goldgelb backen.

BACKEN

277

1

2

RUSTIKALE SONNTAGSBRÖTCHEN

360 g *Milch*

20 g *Hefe*

400 g *Weizenmehl*

100 g *Roggenmehl*

4 EL *Weizenkleie*

1 TL *Zucker*

3

MILCH in den MT geben, 37 °C/Rührstufe einstellen und die **HEFE** hineinbröseln. Sobald sie sich aufgelöst hat, **WEIZEN-** und **ROGGENMEHL**, **WEIZENKLEIE**, **ZUCKER** und 2 TL Salz hinzufügen und den Teig 4 Min./Teigknetstufe verkneten.

Teig in eine Schüssel oder einen Topf mit Deckel geben und über Nacht zugedeckt gehen lassen.

4

Am nächsten Morgen den Ofen auf 250 °C Ober-/ Unterhitze vorheizen. Ein Backblech mit Backpapier belegen.

Mit zwei feuchten Esslöffeln von dem Teig 8 Nocken abstechen und mit etwas Abstand zueinander auf dem Backblech platzieren.

5

Die Brötchen mit etwas Mehl bestäuben und längs einschneiden. Etwa 20 Min. backen, nach 15 Min. die Hitze auf 200 °C reduzieren.

BACKEN

6

279

1

2

3

4

5

6

INDISCHES NAAN

100 g *Milch*
½ TL *Zucker*
10 g *Hefe*
100 g *Naturjoghurt*
250 g *Weizenmehl (ggf. etwas mehr)*
½ TL *Backpulver*

MILCH, **ZUCKER** und **HEFE** in den MT geben, 3 Min./37 °C/Rührstufe erwärmen.

Den **JOGHURT** dazugeben, 5 Min./Teigrührstufe einstellen und **MEHL**, **BACKPULVER** und ½ TL Salz einrieseln lassen. Falls der Teig zu klebrig ist, noch etwas Mehl hinzufügen.

Den Teig 1 Std. zugedeckt gehen lassen.

Anschließend aus dem Teig 6 Kugeln formen und auf einer leicht bemehlten Fläche zu dünnen Fladen ausrollen. Noch einmal 10 Min. zugedeckt ruhen lassen.

Die Fladen nacheinander in einer stark vorgeheizten beschichteten Pfanne ohne Fett von jeder Seite 1–2 Min. backen. Immer dann wenden, sobald das Brot Blasen wirft.

BACKEN

1

2

BURGER BUNS

150 g *Milch*   **3** *Eier*
2 EL *Zucker*   **60 g** *weiche Butter*
20 g *Hefe*   **480 g** *Weizenmehl*

3

MILCH, 50 g Wasser, **ZUCKER** und **HEFE** im MT bei 2 Min./37 °C/Linkslauf/Stufe 2 vermischen.

2 **EIER**, **BUTTER** und die Hälfte des **MEHLS** zufügen, 5 Min./Teigknetstufe verkneten. Das restliche **MEHL** und ½ TL Salz hinzufügen und weitere 5 Min. kneten.

Den Teig in eine Schüssel geben und 1 Std. zugedeckt gehen lassen.

4

Nach 1 Std. den Teig aus der Schüssel heben. Mit etwas Öl bestreichen, einmal dehnen und zur Mitte hin falten, wieder in die Schüssel geben und nochmals 1 Std. gehen lassen.

Ofen auf 200 °C Ober-/Unterhitze vorheizen. Das verbliebene **EI** trennen, das **EIGELB** verquirlen.

5

Teig in 8 Portionen teilen, jede Portion dehnen und zur Mitte falten, umdrehen und mit der flachen Hand rund rollen.

Die Teigstücke auf ein Backblech legen und mit dem **EIGELB** bestreichen. Buns etwa 15 Min. im vorgeheizten Ofen backen.

BACKEN

6

1

2

3

4

5

6

FLUFFIGES KARTOFFELBROT

250 g *festkochende Kartoffeln*
2 TL *Zucker*
20 g *Hefe*
100 g *Schmand*
2 *Eier*
450 g *Weizenmehl*

KARTOFFELN schälen. 250 g Wasser in den MT geben, Kartoffeln in den Dämpfaufsatz legen und 2 Min./Varoma/Linkslauf dämpfen. MT leeren und die Kartoffeln in kleine Würfel schneiden.

100 g Wasser, **ZUCKER** und **HEFE** im MT bei 2 Min./37 °C/Linkslauf/Stufe 2 vermischen.

SCHMAND, **EIER**, 150 g **KARTOFFELN** und 225 g **MEHL** zufügen, 4 Min./Teigknetstufe kneten. Restliches **MEHL** und 2 TL Salz zufügen, weitere 5 Min. kneten, 1 Std. zugedeckt gehen lassen.

Den Teig auf eine gut bemehlte Fläche geben, nach oben und unten dehnen und zur Mitte hin falten, nochmals 1 Std. gehen lassen.

Ofen auf 220 °C Ober-/Unterhitze vorheizen. Den Teig auf eine Größe von ca. 40 x 25 cm ausrollen. Mit etwas **MEHL** bestäuben und die restlichen **KARTOFFELSTÜCKCHEN** hineindrücken.

Den Teigfladen in einer flachen Backform oder direkt auf dem Backblech etwa 15 Min. backen.

1

2

3

4

5

WÜRZIGE VINSCHGAUER

30 g *Hefe*
100 g *flüssiger Natursauerteig*
5 EL *Brotgewürz*
400 g *Roggenmehl*
180 g *Weizenmehl (Type 1050)*

350 g Wasser, die zerbröselte **HEFE** und den **SAU-ERTEIG** in den MT geben, 4 Min./37 °C/Linkslauf/Stufe 1 erwärmen.

4 EL **BROTGEWÜRZ**, 20 g Salz, **ROGGEN-** und **WEIZENMEHL** hinzugeben und 5 Min./Teig-rührstufe verkneten. Den Teig zugedeckt 1 Std. ge-hen lassen.

Teig mit der Hand einmal kurz durchkneten und nochmals 1 Std. gehen lassen.

Den Teig in 8 Portionen teilen und diese zu flachen Fladen formen. Die Vinschgauer auf ein Backblech legen. Mit etwas **MEHL** und dem restlichen **BROT-GEWÜRZ** bestreuen und nochmals zugedeckt 30 Min. ruhen lassen.

In der Zwischenzeit den Ofen auf 220 °C Ober-/Unterhitze vorheizen. Die Vinschgauer etwa 20 Min. backen. Abkühlen lassen und servieren.

BACKEN

287

1

OMAS KIRSCHAUFLAUF

2

5 *Eier*
400 g *Magerquark*
160 g *Weichweizengrieß*
160 g *Puderzucker*
100 g *weiche Butter*
250 g *Süßkirschen*

3

Den Ofen auf 190 °C Ober-/Unterhitze vorheizen. Die **EIER** trennen.

EIWEISS in den MT geben. Rühreinsatz einsetzen und das Eiweiß mit 1 Prise Salz 2 Min./Stufe 4 steif schlagen. MT leeren.

4

QUARK, **GRIESS**, 140 g **PUDERZUCKER**, **BUTTER** und **EIGELB** im MT 2 Min./Linkslauf/Stufe 3 vermischen, in eine Schüssel geben und den Eischnee unterziehen.

Etwa ¼ der **KIRSCHEN** entsteinen und auf den Boden einer Auflaufform verteilen. Den Eierteig darübergeben.

5

Restliche **KIRSCHEN** mit Stängel obenauf legen und etwas einsinken lassen.

Im vorgeheizten Ofen etwa 25–30 Min. backen (Stäbchenprobe machen) und mit dem restlichen **PUDERZUCKER** bestäuben.

6

BACKEN

1

OFENFRISCHE PIZZABRÖTCHEN

2

115 ml *Milch*
1 *Trockenhefe*
400 g *Weizenmehl*
2 EL *Olivenöl*

3

MILCH, 115 ml Wasser, 1 TL Zucker und die **TRO-CKENHEFE** im MT 2 Min./ 37 °C/Linkslauf/Stufe 2 vermischen.

MEHL, 1 TL Salz und **OLIVENÖL** hinzufügen, 5 Min./Teigknetstufe verkneten.

4

Teig kurz mit der Hand durchkneten, dann in eine Schüssel geben und mindestens 4 Std. (oder über Nacht im Kühlschrank) zugedeckt gehen lassen.

Teig auf eine mit Mehl bestäubte Arbeitsfläche geben, einmal dehnen und zur Mitte hin falten, dann nochmals 1 Std. zugedeckt gehen lassen.

Teig in aprikosengroße Portionen teilen, auf ein mit Backpapier belegtes Blech legen, leicht mit Mehl bestäuben und nochmals 30 Min. gehen lassen. In der Zwischenzeit den Ofen auf 240 °C Ober-/Unterhitze vorheizen.

Die Pizzabrötchen auf der mittleren Schiene 10–12 Min. goldbraun backen.

BACKEN

1

2

3

4

5

6

DATTEL-BANANEN-TRAUM

1 *Bio-Limette*

1 *Banane*

15 *Datteln (entsteint)*

500 g *Sojamilch (ungesüßt)*

1–2 Msp. *gemahlener Kardamom*

1 *Oreo®-Keks*

Von der **LIMETTE** die Schale abreiben und den Saft auspressen. **BANANE** grob in Stücke schneiden.

DATTELN und **BANANE** mit **SOJAMILCH** und **KARDAMOM** in den MT geben, 20 Sek./Stufe 10 pürieren.

LIMETTENSAFT und **-SCHALE** hinzufügen, 4 Min./60 °C/Linkslauf/Stufe 2 erwärmen.

In Tassen geben und mit zerbröseltem **KEKS** als Topping servieren.

GETRÄNKE

1

2

3

4

5

6

KAKAO MIT MARSHMALLOWS

200 g *Sahne*
1000 g *Milch*
200 g *dunkle Schokolade*
1 Prise *geriebene Muskatnuss*
4 EL *kleine Marshmallows*
4 *Zimtstangen*

200 g **SAHNE** in den MT geben, Rühreinsatz einsetzen und auf Stufe 3 bis zur gewünschten Konsistenz steif schlagen. MT leeren.

Die **MILCH** in den MT geben und 4 Min./100 °C/ Linkslauf erhitzen.

In Stücke gebrochene **SCHOKOLADE** und etwas geriebene **MUSKATNUSS** hinzufügen und weitere 4 Min./100 °C/ Linkslauf erhitzen.

Die heiße Schokolade auf Gläser verteilen, **SAHNE** daraufgeben und mit **MARSHMALLOWS** bestreuen. Zum Umrühren eine **ZIMTSTANGE** verwenden.

GETRÄNKE

295

1

2

3

4

5

6

OMAS EIERLIKÖR

500 g *Sahne*
250 g *Puderzucker*
1 *Vanilleschote*
8 *sehr frische Eier (Eigelb)*
1 Msp. *Zimt*
250 g *Weinbrand*

SAHNE und 125 g **PUDERZUCKER** in den MT geben. Mark aus der **VANILLESCHOTE** kratzen und leere **SCHOTE** und **MARK** zur Sahne geben, 8 Min./100 °C/Rührstufe erhitzen.

VANILLESCHOTE entfernen. MT leeren und reinigen, Rühreinsatz einsetzen.

EIER trennen. **EIGELB** mit dem restlichen **PUDERZUCKER** und dem **ZIMT** 3 Min./40 °C/Stufe 4 aufschlagen. Nach 2 Min. die **VANILLESAHNE** in einem dünnen Strahl zur Eimasse geben. Zum Schluss den **WEINBRAND** hinzufügen und weitere 30 Sek./Stufe 2 rühren.

Den noch warmen Eierlikör in sterile Flaschen füllen, Flaschen verschließen und auskühlen lassen.

GETRÄNKE

1

2

3

4

5

6

MELONEN-GRANITA

1 *Galia-Melone*
2 *Bio-Limetten*
4 EL *Puderzucker*
700 g *Eiswürfel*
400 ml *Sekt*
einige Blättchen *Minze*

Die **MELONE** halbieren und die Kerne entfernen, Fruchtfleisch auslösen. Von den **LIMETTEN** die Schale fein abreiben und den Saft auspressen.

600 g **MELONE** in den MT geben, Saft und Schale der **LIMETTEN** sowie den **PUDERZUCKER** hinzufügen und 10 Sek./Stufe 8 pürieren. MT leeren.

Die **EISWÜRFEL** in den MT geben, 10 Sek./Stufe 8 zerkleinern. Das Eis auf Gläser verteilen. **SEKT** mit dem **MELONENPÜREE** vorsichtig vermischen und auf die Gläser verteilen. Mit frischer **MINZE** garnieren und servieren.

GETRÄNKE

1

2

3

4

5

6

ERDBEERMILCH MIT HAFERFLOCKEN

250 g *Erdbeeren*
500 g *Milch*
150 g *griechischer Joghurt*
2 EL *Haferflocken*
1 Tütchen *Vanillezucker*
2–3 EL *Ahornsirup*

ERDBEEREN verlesen, den Kelchansatz entfernen und Erdbeeren in den MT geben. Mit **MILCH** aufgießen. **JOGHURT**, **HAFERFLOCKEN**, **VANILLEZUCKER** und **AHORNSIRUP** hinzufügen und alles 10 Sek./Stufe 10 vermixen.

Die Erdbeermilch 10 Min. quellen lassen, dann nochmals aufmixen und servieren.

GETRÄNKE

1

2

3

4

ERDBEER-LIMES

400 g *Zucker*
1000 g *Erdbeeren*
8 *Zitronen*
500 g *Wodka*

Den **ZUCKER** mit 250 g Wasser 15 Min./100 °C/ Rührstufe köcheln lassen. Zuckersirup in ein Gefäß geben und beiseitestellen, MT spülen.

Die **ERDBEEREN** verlesen und den Kelchansatz entfernen. Früchte in den MT geben, 5 Sek./Stufe 10 pürieren.

ZITRONEN auspressen. 400 g **ZITRONENSAFT**, **WODKA** und die Hälfte des **ZUCKERSIRUPS** zu den Erdbeeren geben, 10 Sek./Linkslauf/Stufe 6 vermischen.

Je nach Süße der Früchte den Rest des **ZUCKER-SIRUPS** hinzugeben.

Den Erdbeerlimes in saubere Flaschen abfüllen, im Kühlschrank aufbewahren und auf Eis servieren.

GETRÄNKE

1

2

3

RHABARBER-SIRUP

750 g *Rhabarber*
5 *Zitronen*
1125 g *Zucker*

RHABARBER waschen und in Stücke schneiden. Mit 750 g Wasser in den MT geben, 25 Min./100 °C/ Rührstufe köcheln lassen.

Ein Sieb mit einem sauberen Küchentuch oder einem Passiertuch auslegen. Die Flüssigkeit abseihen und in den MT zurückgießen.

ZITRONEN auspressen. Den Zitronensaft und **ZUCKER** ebenfalls in den MT geben, alles 5 Min./100 °C/ Linkslauf/Stufe 2 aufkochen.

In sterile Flaschen abfüllen und die Flaschen sofort verschließen. Vor dem Genießen mit Sekt oder Mineralwasser im Verhältnis 1:5 mischen.

GETRÄNKE

INHALT

REGISTER

ÜBER DEN AUTOR

Als Autor, Rezeptentwickler, Foodfotograf dreht sich im Leben des gebürtigen Westfalen alles rund ums Thema Essen. Viele Kunden aus Industrie, Gastronomie und Verlagswesen schätzen sein umfangreiches Allroundwissen in puncto Kochen, Styling und Foodtrends. Mit dem Buch „Einfach – Kochen mit dem Thermomix" tritt er den endgültigen Beweis an, dass gutes Essen auch mit wenig Aufwand und einer minimalen Anzahl von Zutaten möglich ist.

DANKE

So ein Buch entsteht natürlich nicht im Alleingang. Deshalb möchte ich die Gelegenheit nutzen und mich ganz herzlich bei meinen Mitstreiterinnen Martina Stahl und Sara Sabri bedanken: Sie haben mich bei der Konzeption, all den Großeinkäufen, dem Entwickeln und Testen der Rezepte sowie vielen anderen Aufgaben tatkräftig unterstützt.

Mein besonderer Dank geht auch ans Team des EMF-Verlages, insbesondere an meine immer gut gelaunte Redakteurin Juliane Rottach, die mir mit jeder E-Mail einen sonnigen, fröhlichen oder erfolgreichen Tag gewünscht hat.

Last but not least: Danke auch an meine Lektorin Elke Sagenschneider für den kritischen Blick aufs Manuskript, kurzum, danke allen, die mitgeholfen haben, dass dieses Buch so schön geworden ist. Hoffentlich kommt es in vielen Küchen zum Einsatz.

Einfach – Heimatküche
Genial kochen mit 2–6 Zutaten
24,99 €
978-3-863**55**-**745**-4

SO MACHT KOCHEN SPASS!

**MIX MIT! Das Kochbuch für
meine Thermo-Küchenmaschine –
für jeden Tag**
55 Rezepte für die ganze Familie

17,99 €
978-3-86355-717-1

**MIX MIT! 55 Rezepte für meinen
Thermomix – Backen**
Kuchen, Kekse, Brot und mehr

17,99 €
978-3-86355-747-8

**MIX MIT! 55 Rezepte für meinen
Thermomix – Grundrezepte**
Pasta, Dips & Co. - mit Liebe selbst
gemacht

17,99 €
978-3-86355-785-0

**MIX MIT! 55 Rezepte für meinen
Thermomix – Suppen & Eintöpfe**
Hühnersuppe, Bauerntopf, Curry
und mehr

17,99 €
978-3-86355-784-3

The new taste
100 frische Rezepte für die
Thermo-Küchenmaschine

24,99 €
978-3-86355-805-5

IMPRESSUM

Bibliografische Information der Deutschen Bibliothek.

Die Deutsche Bibliothek verzeichnet diese Publikation in der Deutschen Nationalbibliografie.

Detaillierte bibliografische Daten sind im Internet über http://www.dnb.de/ abrufbar.

EIN BUCH DER EDITION MICHAEL FISCHER

1. Auflage 2017

© 2017 Edition Michael Fischer GmbH, Igling

Covergestaltung: Michaela Zander

Produktmanagement: Juliane Rottach

Redaktion und Lektorat: Elke Sagenschneider, München

Layout: Silvia Keller

Satz: Viktoria Zettl, Mirjam Oppelt

Fotografie: Guido Schmelich, Holzkirchen b. München

Shutterstock: Rucola S.97, 101, 107, 139, 155: © Nattika/Shutterstock.com

ISBN 978-3-86355-746-1

Printed in Slovakia

www.emf-verlag.de